# 日商
# プログラミング検定

# STANDARD

## 公式ガイドブック

Java

日本商工会議所プログラミング検定研究会編

# はじめに

　AI、IoT など IT 利活用の高度化・多様化により第 4 次産業革命が進行するなか、小学校からの必修化や大学入学共通テストにおける導入をはじめ、プログラミング教育が大きな注目を集めております。企業活動においては、IT 需要の増大により IT 企業の人材不足が深刻化しており、ユーザー企業においても IT スキルを持つ人材がいないことが大きな経営課題となっております。

　こうした状況を踏まえ、日本商工会議所では、情報技術の基盤となるプログラミングスキルの習得を促進・支援するとともに、企業の IT 化支援および IT リテラシー強化に資することを目的として「日商プログラミング検定試験」を創設いたしました。

　同検定は、基本的なプログラミングスキルの習得を支援するもので、年齢、職業等を問わず幅広く多くの方々に学習・受験いただける試験としており、学習の進捗度に応じて初学者から段階的に受験できるよう 4 つのレベルを設定しております。このうち STANDARD レベルは、プログラミングに関する基本知識・スキルを問う内容となっており、実践的な試験とするよう言語別に、プログラミングに関する知識を問う「知識科目」に加え、設定された課題をプログラミングする「実技科目」で構成されております。

　本書は同検定「STANDARD」の受験に際し、身につけていただきたい知識・スキルを提示・解説し、効率的に学習を進めていただく一助となるよう作成した公式ガイドブックです。

　本書を検定試験合格への「道標」としてご活用いただくとともに、習得した知識やスキルを活かして、実社会においてますますご活躍されることを願ってやみません。

2019 年 5 月
日本商工会議所

# 日商プログラミング検定について

　日商プログラミング検定とは、日本商工会議所・各地商工会議所が主催するプログラミングに関する検定で、IT人材の育成に資するため、プログラミングに関する基本知識・スキルを体系的に習得する機会や学習支援の仕組みを提供するとともに、習得レベルを測定・認定する、新たな検定試験・認定制度です。

　試験概要、各レベルの試験内容は次のとおりです。

## 試験概要

| | |
|---|---|
| 受験資格 | 制限なし |
| 試験方式 | インターネットを介して試験の実施、採点、合否判定を行うネット試験 |
| 試験日 | 試験会場で随時受験が可能（試験会場が日時を指定） |
| 申込方法 | 受験を希望するネット試験会場へ直接申し込み<br>https://links.kentei.ne.jp/organization/ |
| 受験料（税別） | ENTRY　3,000円　　BASIC　4,000円　　STANDARD　5,000円 |

## 試験内容

| | ENTRY（エントリー） | BASIC(ベーシック) | STANDARD（スタンダード） |
|---|---|---|---|
| 出題形式<br>試験時間 | 択一知識問題　30分 | 択一知識問題　40分 | 択一知識問題　30分<br>プログラミング実技　30分 |
| 合格基準 | 70点以上 | 70点以上 | 知識科目　70点以上<br>実技科目　3問完答 |
| 言語 | Scratch<br>（Scratch3.0に対応） | 言語によらない | Java、C言語、VBA |

## STANDARD の試験範囲・学習項目

　STANDARD試験は、言語ごと（Java 、C言語、VBA）に実施され、択一知識問題とプログラミング実技問題（全3問）で構成されます。それぞれの試験範囲・学習項目は次のとおりです。

| Java | C言語 | VBA |
|---|---|---|
| 1. 値とリテラル<br>2. 変数とデータ型<br>3. Java API<br>4. 分岐<br>5. 繰返し<br>6. 一次元配列 | 1. 値とリテラル<br>2. 変数とデータ型<br>3. 分岐<br>4. 繰返し<br>5. 一次元配列<br>6. 文字列<br>7. ポインタ<br>8. いろいろな関数 | 1. 値とリテラル<br>2. 変数とデータ型<br>3. 分岐<br>4. 繰返し<br>5. 一次元配列<br>6. シート<br>7. 主なExcel関数とVBA関数 |

★択一知識問題サンプル画面

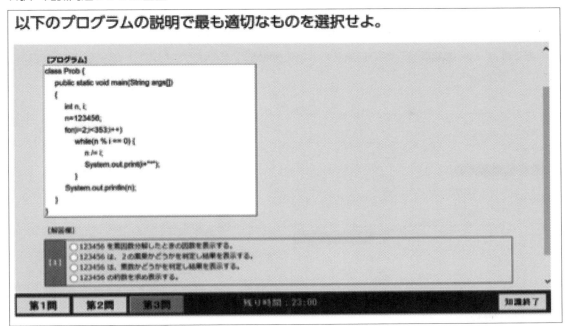

## 以下のプログラムの説明で最も適切なものを選択せよ。

```
【プログラム】
class Prob {
  public static void main(String args[])
  {
    int n, i;
    n=123456;
    for(i=2;i<353;i++)
      while(n % i == 0) {
        n /= i;
        System.out.print(i+"*");
      }
    System.out.println(n);
  }
}
```

【解答欄】

○ 123456 を素因数分解したときの回数を表示する。
○ 123456 は、2の倍数かどうかを判定し結果を表示する。
○ 123456 は、素数かどうかを判定し結果を表示する。
○ 123456 の約数を求め表示する。

第1問　第2問　第3問　　　残り時間：23:00　　　知識終了

★プログラミング実技問題サンプル画面

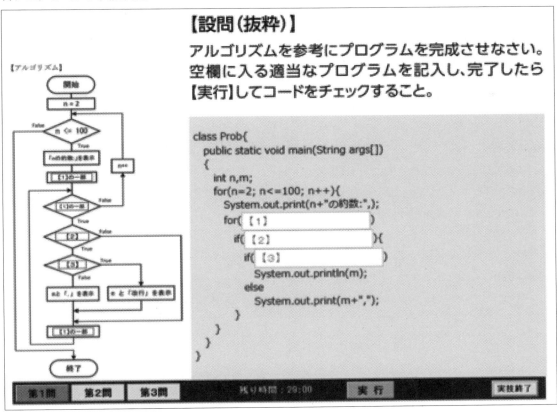

## 【設問（抜粋）】

アルゴリズムを参考にプログラムを完成させなさい。空欄に入る適当なプログラムを記入し、完了したら【実行】してコードをチェックすること。

```
class Prob{
  public static void main(String args[])
  {
    int n,m;
    for(n=2; n<=100; n++){
      System.out.print(n+"の約数:",);
      for( 【1】              )
        if( 【2】              ){
          if( 【3】          )
            System.out.println(m);
          else
            System.out.print(m+",");
        }
    }
  }
}
```

第1問　第2問　第3問　　　残り時間：28:00　　　実行　　　実技終了

# 本書の使い方

　本書は、日商プログラミング検定 STANDARD（Java）の対策教材です。

　本書では、Java に関する一定の知識をもった方向けに、どのような論点が出題範囲になっているのか、ご紹介していきます。

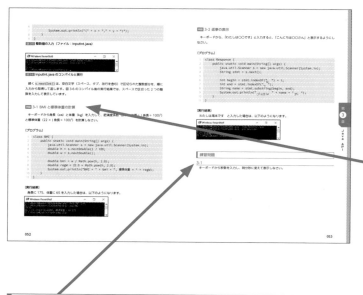

　論点解説や例題を通じて、出題範囲について解説しています。太字の部分はキーワードであり、択一知識問題でも問われるところです。きちんとおさえておくようにしましょう。

**例題**

実際にプログラムを入力し、〔実行結果〕のとおりになるかどうか、確認してみましょう。

## 練習問題

　章末には、練習問題がついています。実際にプログラムを作成してみましょう。巻末には略解がついていますので、参考にしてください。

---

★読者サポート

　日商プログラミング検定では、下記の公式ページにおいて、サンプル問題や、受験方法（試験会場の検索）など、試験全般に役立つ情報を掲載しておりますので、ぜひ、参考にしてください。

https://www.kentei.ne.jp/pg

　また、本書につきまして、随時、必要な追加情報は下記ページに掲載していきますので、試験前に確認しておきましょう。

https://bookstore.tac-school.co.jp/pages/download_service/

# Contents

# 第 0 章

# はじめに

　現在の情報社会では、コンピュータがいたるところで用いられています。デスクトップ PC やノート PC はもちろんのこと、タブレット PC やスマートフォンもコンピュータの一種であることはよく知られています。さらに言えば、自動車や飛行機を含む多くの乗り物や、冷蔵庫や炊飯器のような家電製品の中でも、コンピュータが用いられています。

　コンピュータは、人間が作り出した初めての「目的をもたない機械」だといわれています。コンピュータを購入して、電源を投入しても何かしてくれるわけではありません。コンピュータを有用に動作させるためには、**プログラム**（program）という命令の並びを与えなければなりません。プログラムは、目的をもたない機械を、ときにはゲーム機にし、ときにはワープロにします。別の言い方をすれば、コンピュータとは、どのようなものにもなれる万能の機械です。コンピュータに、ゲームやワープロのような特定の仕事をさせるプログラムを**アプリケーションプログラム**（application program）といいます。単にアプリケーションということもありますが、最近では、より短くアプリといわれることも多いようです。

　アプリケーションもプログラムなので、コンピュータの命令の並びとして記述されなければなりません。しかしながら、命令を直接記述していく作業は、非常に煩雑で、現在利用されている規模のアプリケーションを記述するのは困難です。そこで、現在のアプリケーションは、人間の言葉に近い**プログラミング言語**（programming language）で記述されることがほとんどです。

　プログラミング言語は、コンピュータの命令を記述する**機械語**とは異なるので、プログラミング言語で記述したプログラムを動作させるために、この相違を埋める処理が必要になります。

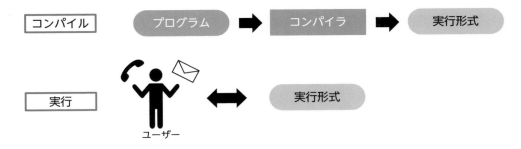

## コンパイルと実行

　プログラミング言語で書かれたプログラムを処理するのもプログラムです。このプログラムを、**プログラミング言語処理系**、あるいは単に**言語処理系**といいます。言語処理系は、**コンパイラ**（compiler）と**インタプリタ**（interpreter）に大別できます。プログラムを、機械語や他のプログラミング言語で書かれたプログラムに変換することを**コンパイル**（compile）といい、変換するシステムをコンパイラといいます。他のプログラミング言語で書かれたプログラムに変換するものを**トランスレータ**（translator）といい区別する場合もあります。コンパイルされた機械語のプログラムは、直接命令を記述したものと同じなので、コンピュータ本来のスピードで実行することができます。以下、コンパイラが処理するプログラミング言語で書いたプログラムを**ソースコード**（source code）といい、コンパイラが生成する機械語プログラムを**目的コード**（target code）あるいは**機械コード**（machine code）ということにします。

　一方、プログラム中の1つの命令が、どのような振舞いに対応するかを実行中に解析して、即座に実行するシステムをインタプリタといいます。

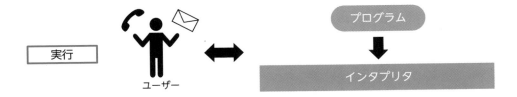

## インタプリタの実行

　インタプリタは、実行中に対応する振舞いを解析する必要があるので、コンパイルしたコードと比べて、実行効率で劣る傾向がありますが、インタプリタが備わっている環境であれば、どこでも同じプログラムが動作するという利点があります。

　本書で紹介する Java **プログラミング言語**（以下、Java という）は、コンパイル実行とインタプリタ実行の優れた点を兼ね備えた実行環境を提供します。一般に、アプリケーションは、オペレーティングシステムとハードウェアの組合わせを意味するプラットホームごとに用意する必要があります。Java は、このたくさんあるプラットホーム上に、Java API（Java application program interface）と**仮想機械**（virtual machine）からなる共通の Java **プラットホーム**を提供します。Java プログラムは、**バイトコード**（byte code）という仮想機械用の機械コードにコンパイルしてから、仮想機械上で実行します。仮想機械は、一種のインタプリタですが、命令が単純なので解析コ

ストが少なくて済みます。また、Java API をとおして、有用な作り付けのソフトウェアコンポーネントを利用できるので、プログラムを作成するコストを減らすことができます。

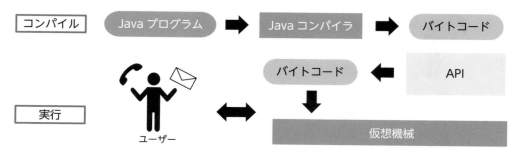

Java のコンパイルと実行

　このように、Java のプログラムは、いったんバイトコードにコンパイルすることによって、どのような環境においても実行効率を大きく損なうことなく、Java プラットホーム上で実行することができます。

　本書では、高等教育の基礎学習として学ぶべき内容を中心に、Java の基本を解説していきます。

# 第 1 章

# Javaプログラミングの開始

　本章では、オラクル社が提供する **Java 開発キット 8**（Java SE Development Kit 8）と、マイクロソフト社の Windows 10 が提供する **Windows PowerShell**（以下、PowerShell という）および**メモ帳**を用いて、Java によるプログラム作成から実行までを紹介します。

　Java によるプログラム作成から実行までの操作は、次の 3 ステップからなります。

1. **プログラム作成**：エディタを用いてプログラムを記述したファイル（拡張子は「.java」、以下「ソースファイル」という）を作成する。
2. **コンパイル**：ソースファイルのプログラムを、コンパイラによってバイトコードに変換し、「クラスファイル」を生成する（拡張子は「.class」）。
3. **実行**：仮想機械を用いて、クラスファイル中のバイトコードを実行する。

　これらの操作では、複数のファイルを扱うことになるので、デスクトップに作業用のフォルダーを作成しておきましょう。図 1-1 が示すように、デスクトップ上で、「マウスの右ボタン」→「新規作成」→「フォルダー」の順に選択します。フォルダー名は、「myjava」とすることにします。

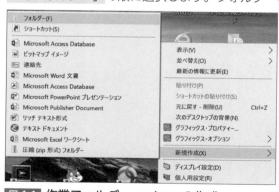

**図 1-1** 作業フォルダー myjava の作成

　次に、一連の作業をキーボードから指示するために、PowerShell を起動しておきましょう。myjava フォルダーを開いて、そのウィンドウ上で「Shift キーを押しながら右クリック」すると、

図 1-2 のようなメニューを表示します。メニューから 「PowerShell ウィンドウをここに開く」 を選択しましょう。図 1-3 のように、PowerShell が起動します。以下、すべての操作は PowerShell 上で指定することにします。

**図 1-2** myjava 上での PowerShell の起動

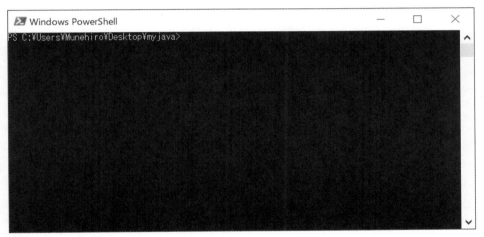

**図 1-3** PowerShell

 プログラミング

Java プログラミングを行うためには、プログラムを記述したソースファイルを作成しなければなりません。ファイルの作成と編集はエディタで行います。本書では、メモ帳をエディタとして使うことにします。図 1-4 のように、PowerShell 上で 「notepad ↵」 とキーボードから入力し（「↵」は最後に 「Enter キー」 を押すことを表します）、メモ帳を起動しましょう。

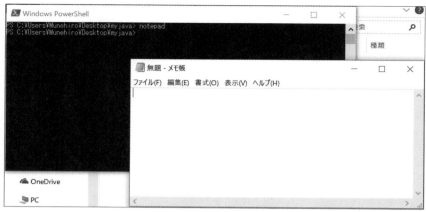

**図 1-4** メモ帳の起動

図 1-4 のようにメモ帳が起動したら、Java プログラムを入力します。試しに、図 1-5 の簡単なプログラムを入力してみましょう。このプログラムは、「Hello World!」という文字列を、画面上に出力するプログラムです。今後、画面に出力することを、短く「表示する」ということにします。

```
1  class Hello {
2      public static void main(String[] args) {
3          System.out.println("Hello World!");
4      }
5  }
```

**図 1-5** 「Hello World!」と表示するプログラム（ファイル：Hello.java）

次に、プログラムを保存してファイルを作成します。メモ帳から「ファイル」→「名前を付けて保存」の順に選択して、図 1-6 のウィンドウを表示しましょう。「ファイル名」に対して「Hello.java」と入力し、右下の「保存」ボタンをクリックします。ファイル名は、プログラム中の「class」の右横に指定した名前（図 1-5 では「Hello」）に、拡張子「.java」を付けたものにします。myjava フォルダーに Hello あるいは Hello.java というアイコンが作成されているのを確認しましょう。

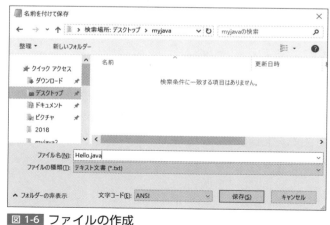

**図 1-6** ファイルの作成

プログラムを編集するたびに忘れずにファイルに保存してください。このとき、ファイル名を変更することなく内容を更新するだけであれば、「ファイル」→「上書き保存」とすることもできます。

## コンパイル

Javaプログラムを実行するためには、バイトコードに変換しなければなりません。この変換を、Javaにおけるコンパイルといい、PowerShell上で「Javaコンパイラ」（javacコマンド）を実行して処理します。コンパイルしたいプログラムは、「Hello.java」ですから、図1-7のように「javac Hello.java ↵」と入力しましょう。

**図 1-7** Hello.java のコンパイル

**図 1-8** クラスファイル Hello.class の生成

図1-7のように、何もメッセージが表示されなければコンパイルは成功です。「error」（エラー）と書かれたメッセージが表示されたら、プログラムが間違っていることを示しています。その場合は、メモ帳に戻ってプログラムを修正する必要があります。

Javaコンパイラは、「Hello.java」のコンパイルによって、バイトコードで書かれたクラスファイルを生成します。クラスファイルは、拡張子が「.class」のファイルです。myjavaフォルダーに「Hello.class」が生成されているのを確認しましょう（図1-8）。

## 実行

生成したクラスファイルは、仮想機械（javaコマンド）で実行することができます。図1-9のように、PowerShell上で「java Hello ↵」と入力しましょう。

**図 1-9** クラスファイル（Hello.class）の実行

「Hello World!」と表示されれば成功です。

プログラムを拡張したり、変更したりした場合は、メモ帳に戻って、「編集」→「保存」→「コンパイル」→「実行」の一連の作業を繰り返す必要があります。

## Java プログラムの外観

Java プログラムの構成要素として最低限必要なものは、**クラス**（class）と **main メソッド**（method）です。クラスは、`class <クラス名> { ... }` の形式をもち、その中の 1 つがファイル名（<ファイル名>.java）と一致していなければなりません（Java のバージョンによっては一致させなくてよい場合もありますが、本書では一致させることにします）。また、Java プログラムには、必ず `public static void main(String[] args) { ... }` の形式をもつ main メソッドがなければなりません。メソッドは 1 つの手続きを表すプログラム単位で、Java プログラムの実行は main メソッドから開始します。

Hello.java では、main メソッド内に記述した `System.out.println("Hello World!");` を実行し、「Hello World!」を表示しました。ここで、`println` も「(」と「)」の間に指定した文字の並びを表示して改行するメソッド（改行の必要がなければ、代わりに `print` を用います）であることに注意してください。`System.out.` は、`println` が含まれている場所を指定しています。メソッドは、メソッド名の後に「(<実引数>)」を記述すると実行できます。「<実引数>」は、メソッドに対する入力値で、メソッドによっては指定する必要がない場合もあります。複数ある場合は、「,」で区切って指定します。`System.out.println("Hello World!");` では、「"Hello World!"」が実引数です。実引数は、単に「引数」という場合もあります。Java でメソッドを実行することは、メソッドを**呼び出す**（call）といい、メソッドを呼び出すことを特に、**メソッド呼出し**（method call）といいます。

プログラムには、**注釈**（comment）を記述することもできます。注釈は、`/*<注釈> */` のように「/*」と「*/」で囲む方法と、`// <注釈>` のように、「//」から行末までを指定する方法の 2 通りがあります。いずれも、コンパイラは無視するので、図 1-10 のように、空白や改行を含めた任意の文字の並びを指定することができます。

```
1   /* 「Hello World!」と表示するプログラム */
2   class Hello {
3       public static void main(String[] args) {
4           System.out.println("Hello World!");
5           // 「Hello World!」の表示
6       }
7   }
```
**図 1-10** 注釈の指定（ファイル：Hello.java）

# 値とリテラル

次に、計算やその他の処理対象になる**値**（value）とは何か、値がプログラム中で、どのように表されるかについて説明します。

## 1　値

Java 仮想機械が扱うデータは、実機のコンピュータと同様に、0 と 1 の並びで表されます。この 0 と 1 の並びは、計算の中でどのように扱われるかが定められると、値といわれるようになります。たとえば、同じ 0 と 1 の並びでも、整数として扱えば、整数の値（以下、「整数値」という）であり、実数として扱えば、実数の値（以下、「実数値」という）です。

0 と 1 の並びのデータによって直接表される値を、**基本値**（primitive value）といいます。基本値には、他に、真偽を表す**論理値**（logical value）や、文字を表す**文字値**（character value）があります。

## 2　リテラル

ソースプログラムにおける、定数の表記法を**リテラル**（literal）といいます。各基本値の定数は、以下のリテラルで表します。

〔整数リテラル〕
10 進法、8 進法、16 進法、2 進法のいずれかで表します。

- 10 進法表現：10 進法で表記
  例）26
- 8 進法表現：接頭辞「0」の後に 8 進法で表記
  例）032
- 16 進法表現：接頭辞「0x」の後に 16 進法で表記
  例）0x1a
- 2 進法表現：接頭辞「0b」の後に 2 進法で表記
  例）0b11010、-0b11010

いずれの表記も 32bit サイズの整数定数を表します。接尾辞に「l」あるいは「L」を付けると、64bit サイズの整数定数の表記になります。

〔浮動小数点リテラル〕

　実数定数の表記には、「浮動小数点」リテラルが用いられます。浮動小数点リテラルには、数字列と小数点を用いた単純な表記と、「e」あるいは「E」を用いた浮動小数点表記があります（「1.234 × $10^2$」は「1.234e2」と表す）。表記法によって、32bit サイズと 64bit サイズを区別することもできます。

- 32bit 表記：接尾辞 f あるいは F を付ける。
  例）123.4f、1.234e2F
- 64bit 表記：接尾辞 d あるいは D を付ける。接尾辞を省略すると 64bit 表記とみなされる。
  例）123.4、123.4d、1.234e2

〔アンダースコアを用いた数値リテラル〕

　整数リテラルや浮動小数点リテラルの数字と数字の間には、任意の数のアンダースコア「_」を記述することができます。数値リテラルが多くの数字を含む場合、適当なグループに「_」で区切ることによって、可読性を向上させることができます。「_」が記述できるのは、数字と数字の間であり、それ以外では許されないので注意してください。

　　　正しい例）12_34、12_3.4
　　　間違った例）1234_、123_.4、123._4、0x_123、1.23_F

〔論理値リテラル〕

　真は「true」、偽は「false」で表します。

〔文字リテラル〕

　1 文字か文字コード (Unicode「¥u」の後に 16 進数コードを表記) をシングルクォーテーション「'」で囲んで表します。

　　　例）'A'、'¥u0041'

〔特殊文字〕

　　　その他、次の特殊文字を用いることができます。

| 特殊文字 | 意味 |
|---|---|
| ¥b | バックスペース |
| ¥t | タブ |
| ¥n | 改行 |
| ¥f | 送り |
| ¥r | 復帰 |
| ¥" | ダブルクォーテーション |
| ¥' | シングルクォーテーション |
| ¥¥ | バックスラッシュ |

〔文字列リテラル〕

文字の並びをダブルクォーテーション「"」で囲んで表します。

　例）"Java"、"¥u3042¥u3044¥u3046¥n"

　文字列は基本値ではありません。文字列のように任意のサイズをとりうる値は、別の場所にデータを用意し、その場所を示す**参照値**（reference value）を値の代わりとして用います。参照値自身を表すリテラルとしては、どこも参照していないことを意味する「null」があります。

〔アスキーコード〕

　Unicode では、漢字をはじめとする世界各国の文字を表現することができますが、最も基本となるアルファベットや数字、記号、制御文字をどのような 2 進数で表現するかは、「アスキーコード」表で規定されています。アスキーコード表では、以下のように、0 から 127（16 進数 7F）までの文字を定義しています。0 から 127 までなので、$128 = 2^7$ 通りの 7 ビットで表します。

　JIS（カタカナを含む 256 文字）（日本工業規格、Japanese Industrial Standards）、ANSI（American National Standards Institute）、ISO（International Organization for Standardization）においても同様の表を規定しています。図 1-11 に、文字コードを 16 進数で表したアスキーコード表を示します。

| | 0 | 1 | 2 | 3 | 4 | 5 | 6 | 7 |
|---|---|---|---|---|---|---|---|---|
| 0 | NUL | DLE | SP | 0 | @ | P | ` | p |
| 1 | SOH | DC1 | ! | 1 | A | Q | a | q |
| 2 | STX | DC2 | " | 2 | B | R | b | r |
| 3 | ETX | DC3 | # | 3 | C | S | c | s |
| 4 | EOT | DC4 | $ | 4 | D | T | d | t |
| 5 | ENQ | NAC | % | 5 | E | U | e | u |
| 6 | ACK | SYN | & | 6 | F | V | f | v |
| 7 | BEL | ETB | ' | 7 | G | W | g | w |
| 8 | BS | CAN | ) | 8 | H | X | h | x |
| 9 | HT | EM | ( | 9 | I | Y | i | y |
| A | LF/NL | SUB | * | : | J | Z | j | z |
| B | VT | ESC | + | ; | K | [ | k | { |
| C | FF | FS | , | < | L | ¥ | l | | |
| D | CR | GS | - | = | M | ] | m | } |
| E | SO | RS | . | > | N | ^ | n | ~ |
| F | SI | US | / | ? | O | _ | o | DEL |

**図 1-11** アスキーコード表

　¥（円マーク）は、\（バックスラッシュ）で表されることもあります。

　文字コード 0 ～ 1F（16 進数）および、7F（16 進数）は制御文字といい、コンピュータ上での制御のために用いられます。

　これらの制御文字は、エスケープシーケンスで表すことができます。たとえば、文字コード 0 の

NUL は、'¥0'（整数値 0）で表し、文字コード 9 の HT（**水平タブ**、horizontal tab）は、'¥t'（整数値 9）で表します。

### 例題 1-1 いろいろなリテラル

「41」を、整数リテラル、実数リテラル、文字リテラル、文字列リテラルとして表示しなさい。

〔プログラム〕

```
1  class VariousLiteral {
2      public static void main(String[] args) {
3
4          System.out.println(41);
5          System.out.println(41.);
6          System.out.println('¥u0041');
7          System.out.println("41");
8      }
9  }
```

〔実行結果〕

```
Windows PowerShell                              —    □    ×
PS C:¥Users¥Munehiro¥Desktop¥myjava> javac VariousLiteral.java
PS C:¥Users¥Munehiro¥Desktop¥myjava> java VariousLiteral
41
41.0
A
41
PS C:¥Users¥Munehiro¥Desktop¥myjava>
```

### 例題 1-2 漢字の表示

プログラムを実行することによって、以下のように漢字を表示しなさい。

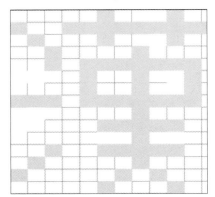

〔プログラム〕

```java
class Kanji {
    public static void main(String[] args) {

        System.out.println("          ■     ■");
        System.out.println("■      ■■■■■■■■■");
        System.out.println("  ■     ■       ■");
        System.out.println("    ■         ■");
        System.out.println("    ■  ■■■■■■");
        System.out.println("       ■  ■    ■");
        System.out.println("       ■       ■");
        System.out.println(" ■■■  ■■■■■■■");
        System.out.println("              ■");
        System.out.println("         ■■■■■");
        System.out.println("              ■");
        System.out.println("      ■  ■■■■■");
        System.out.println("   ■          ■");
        System.out.println("■        ■   ■");
        System.out.println("        ■      ■");
        System.out.println("        ■      ■■");
    }
}
```

〔実行結果〕

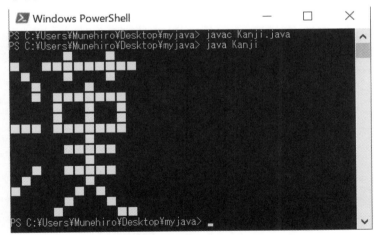

---

## 練習問題

### 1-1

自分の名前の漢字について例題 1-2 と同様に漢字を表示しなさい。

# 第 2 章

# 変数とデータ型

プログラム実行時に値を一時的に格納しておくことによって、複雑な計算を行うことができます。値を格納することができる記憶領域を**変数**（variable）といいます。変数は、**変数名**という名前をとおして用います。たとえば、変数 i を以下のような箱と考えることができます。

変数に値を格納することを**代入**（assignment）といい、Java では、「i = 34」のように記述します。「＝」は**代入演算子**といい、＝の右辺の値を、左辺の場所に代入する操作を表します。代入の結果として、次のように 34 が格納されます。

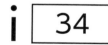

## 名前付け

Java には、変数名やメソッド名など、**名前**を付けて扱うものがあります。名前は、それぞれを識別するために付けるものなので、**識別子**（identifier）と呼ばれることがあります。Java の識別子は、どんなものでも許されるわけではなく、次の条件にのっとっていなければなりません。

1. 識別子に含まれる文字は、英字「a～z、A～Z」、数字「0～9」、アンダースコア「_」、ドルマーク「$」でなければならない。
2. 識別子の先頭の文字は、数字であってはならない。
3. 「class」、「public」、「void」のような予約された名前（「キーワード」、keyword）を、識別子として使用することはできない。

## ■ データ型

　データは、どのように用いられるか定められて初めて値になります。変数に格納したデータも、どのように用いるべきか定めなければなりません。多くのプログラミング言語では、データの扱い方を示すために、**データ型**（data type）を用います。Javaには、図2-1に示す8つのデータ型が、用意されています。これらのデータ型は、特に**基本データ型**（primitive data type）といいます。

| データ型 | 表現値 | サイズ | 値の範囲 |
|---|---|---|---|
| byte | 8-bit 整数 | 1 バイト | -127 ～ 127 |
| short | 16-bit 整数 | 2 バイト | -32,768 ～ 32,767 |
| int | 32-bit 整数 | 4 バイト | 符号付き：$-2^{31}$ ～ $2^{31}$-1<br>符号なし：0 ～ $2^{32}$-1 |
| long | 64-bit 整数 | 8 バイト | 符号付き：$-2^{63}$ ～ $2^{63}$-1<br>符号なし：0 ～ $2^{64}$-1 |
| float | 単精度（32-bit）浮動小数点数 | 4 バイト | IEEE754 規格に従う |
| double | 倍精度（64-bit）浮動小数点数 | 8 バイト | IEEE754 規格に従う |
| boolean | 論理値 | 1bit 情報を表すサイズ | true あるいは false |
| char | 16-bit Unicode 文字 | 2 バイト | '¥u0000' ～ '¥uffff' |

**図 2-1** 基本データ型

　図2-1で示すように、同じ整数や浮動小数点数を表すデータ型であっても、サイズによって異なるデータ型が用意されていることに注意してください。

## ■ 変数宣言

　データ型を指定して変数を用意するためには、**宣言**（declaration）しなければなりません。変数の宣言は以下のようにします。

```
< データ型 > < 変数名 > ;
```

　たとえば、変数 i を int 型として宣言するためには以下のようにします。

```
int i ;
```

　最後に、セミコロン「;」が必要なので注意してください。以下のように、複数の変数を「,」で区切って、同時に宣言することもできます。

```
< データ型 > < 変数名 1> , < 変数名 2> , < 変数名 3>... ;
```

　変数 i、j、k を一度に宣言したければ、以下のようにします。

```
int i, j, k ;
```

　変数は、宣言すると同時になんらかの値を格納していなければなりません。この最初に格納する値

を初期値（initial value）といいます。初期値は、代入演算子を用いて指定することができます。

```
<データ型> <変数名> = <式>;
```

「<式>」は、値や計算式を示しています。たとえば以下のように記述します。

```
int i = 1 + 2;
```

もし、宣言に初期値が示されなければ、データ型に応じて図 2-2 に示す既定値を変数に代入します。

| データ型 | 既定の初期値 |
|---|---|
| byte | 0 |
| short | 0 |
| int | 0 |
| long | 0L |
| float | 0.0f |
| double | 0.0d |
| char | '¥u0000' |
| String (or any object) | null |
| boolean | false |

図 2-2 既定の初期値

## 演算子

すでに、変数に値を格納するために、代入演算子「=」を用いることを述べました。代入は、以下のように記述します。

```
<変数名> = <式>;
```

代入演算子の右辺の「<式>」は、定数値や変数、および、それらを演算子で組み合わせて、計算方法を記述します。<式>を構成するためには、**算術演算子**（arithmetic operator）のような**二項演算子**の他に、**単項演算子**や**三項演算子**を用います。図 2-3 に演算子を示します。

| 演算子 | 優先順位 |
|---|---|
| 前置演算子 | 式 ++、式 -- |
| 単項演算子 | ++ 式、-- 式、＋式、- 式、˜、! |
| 乗算系演算子 | *、/、% |
| 加算系演算子 | +、- |
| シフト演算子 | <<、>>、>>> |
| 関係演算子 | <、>、<=、>=、instanceof |
| 等号演算子 | ==、!= |
| ビット積 | & |
| 排他的ビット和 | ^ |

| ビット和 | \| |
|---|---|
| 論理積 | && |
| 論理和 | \|\| |
| 条件演算子 | ?、: |
| 代入演算子 | =、+=、-=、*=、/=、%=、&=、^=、\|=、<<=、>>=、>>>= |

**図 2-3** 演算子と優先順位

演算子には、加算や減算より乗算や除算を優先して計算するというような優先順位があります。図2-3の演算子は、上にいくほど優先度が高く、下にいくほど優先度が低いことを合わせて示しています。同じ優先順位をもつ演算子は、代入演算子を除いて、左から順に計算します。代入演算子だけ右から順に計算します。以下、各演算子について説明します。

〔代入演算子〕

代入演算子のうち、前述の ＝ は、他の代入演算子と区別して「単純代入演算子」といいます。単純代入演算子は、続けて記述することができます。

```
i = j = k = 1 + 2
```

代入演算子は右から順に計算するので、括弧を付けて表現すると以下のようになります。

```
( i = ( j = ( k = ( 1 + 2 ) ) ) )
```

このように、右から順に計算する演算子を「右結合」といいます。

代入演算子は、単純演算子の他に、格納先の変数を用いた計算結果によって、変数を更新するものもあります。たとえば、単純代入演算子を用いて、以下のように記述する代入文を考えてみましょう。

```
i = i + 3
```

変数 i の値と 3 を加算して、その結果で i を更新することを意味しています。変数を定数値の加算で更新する代入は、代入演算子「+=」を用いると、以下のように変数 i を 2 度記述しないで済みます。

```
i += 3
```

変数をその変数を用いた計算によって更新する代入演算子は、計算の種類を表す演算子と ＝ を組み合わせた記号（図 2-3 を参照）で表します。

## 算術演算子

数学でよく使われる算術演算子 ＋、－、×、÷は、記号「+」、「-」、「*」、「/」を用います。また、「剰余算」の演算子「%」も用意されています。＋は、「文字列の結合」のためにも用いるので注意しましょう。算術演算子は、計算に用いる値が 2 つ必要になるので、「二項演算子」といいます。二項演算子は、以下のように記述します。

＜値 1＞　＜演算子＞　＜値 2＞

　演算子が計算のために用いる「＜値 1＞」、「＜値 2＞」のことを、演算子の**オペランド**（operand）といいます。図 2-4 に、二項演算子をまとめます。

| 演算子 | 説明 |
|---|---|
| + | 加算演算子（文字列の結合にも使われる） |
| - | 減算演算子 |
| * | 乗算演算子 |
| / | 除算演算子 |
| % | 剰余算演算子 |

図 2-4 二項演算子

　各演算子を用いて、計算を実行してみましょう。

　図 2-5 のプログラムを、ファイル「ArithmeticOperator.java」として作成し、図 2-6 のように、コンパイルして、実行してみましょう。

```
1   class ArithmeticOperator {
2     public static void main(String[] args) {
3
4         int result = 1 + 2;
5         System.out.println("1 + 2 = " + result);
6
7         result = 2 - 1;
8         System.out.println("2 - 1 = " + result);
9
10        result = 2 * 3;
11        System.out.println("2 * 3 = " + result);
12
13        result = 5 / 2;
14        System.out.println("5 / 2 = " + result);
15
16        result = 5 % 2;
17        System.out.println("5 % 2 = " + result);
18     }
19  }
```

図 2-5 二項演算子を用いた計算（ファイル：ArithmeticOperator.java）

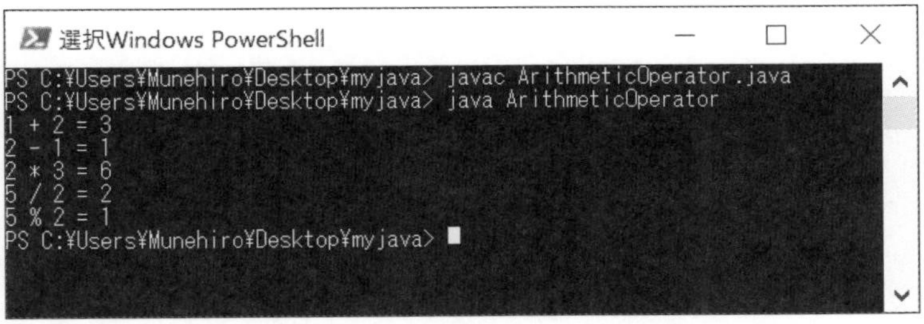

図 2-6 ArithmeticOperator.java のコンパイルと実行

　「/」による整数どうしの除算の結果は、「商」（小数点以下切り捨て）になることに注意してください。また、文字列を含む加算は、文字列でないものを文字列に変換した上で、文字列の結合を行います。たとえば、`System.out.println("1 + 2 = " + result);` は、int 型変数 result の整数値を文字列に変換した上で、"1 + 2 = " と結合します。すなわち、`System.out.println("1 + 2 = 3");` を実行することになります。

## 単項演算子

　オペランドが 1 つだけの演算子を、**単項演算子**といいます。単項演算子には、図 2-7 に示すように、値が正であることを明示する**単項プラス演算子**「+」、値の符号を反転する**単項マイナス演算子**「−」、値を 1 増 / 減する**インクリメント / デクリメント演算子**「++/--」、および論理値を反転させる**論理否定演算子**「!」があります。図 2-7 に、単項演算子をまとめます。

| 演算子 | 説明 |
|---|---|
| + | 単項プラス演算子。正の値であることを示す（数値は、この演算子なしで正である）。 |
| - | 単項マイナス演算子。式の符号を反転する。 |
| ++ | インクリメント演算子。値を 1 増加させる。 |
| -- | デクリメント演算子。値を 1 減少させる。 |
| ! | 論理否定演算子。論理値を反転させる。 |

図 2-7 単項演算子

　図 2-8 に、単項演算子による計算をプログラムとして示します。UnaryOperator.java ファイルとしてプログラムを作成すると、コンパイルと実行によって、図 2-9 に示す結果が得られます。

```java
class UnaryOperator {
    public static void main(String[] args) {

        int result = +1;
        System.out.println(result);

        result--;
        System.out.println(result);
```

029

```
 9
10          result++;
11          System.out.println(result);
12
13          result = -result;
14          System.out.println(result);
15
16          boolean success = false;
17          System.out.println(!success);
18      }
19  }
```

**図 2-8** 単項演算子を用いた計算（ファイル：UnaryOperator.java）

**図 2-9** UnaryOperator.java のコンパイルと実行

　インクリメント / デクリメント演算子は、オペランドの前（**前置**）あるいは後（**後置**）で適用することができます。たとえば、インクリメントの前置「++result」と後置「result++」は、いずれも変数「result」の値を 1 増加します。2 つの違いは、前置が、元の result の値から 1 増加した値を結果として与えるのに対して、後置は、元の result の値と同じであるということです。たとえば、図 2-10 のプログラム PrePost.java を、コンパイル後実行してみると、図 2-11 に示すように、「++i」によって、i の初期値 3 から 1 増加した値「4」を表示し、その後「i++」によって同じ「4」を表示します。最終的な i の値が「5」になっていることも確認してください。

```
 1  class PrePost {
 2      public static void main(String[] args) {
 3          int i = 3;
 4
 5          System.out.println(i);
 6
 7          System.out.println(++i);
 8
 9          System.out.println(i++);
10
11          System.out.println(i);
12      }
13  }
```

**図 2-10** インクリメント演算子の前置と後置（ファイル：PrePost.java）

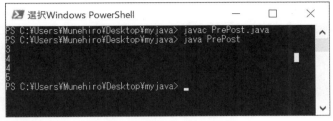

図 2-11 PrePost.java のコンパイルと実行

## 関係演算子と論理演算子

　関係演算子 (relational operator) は、2 つのオペランドの等値関係や大小関係を「true」か「false」かの論理値で与える演算子です。各関係演算子は、以下のような関係を表しています。

| 関係演算子 | 意味 |
|---|---|
| ＜値 1＞ == ＜値 2＞ | 値 1 と値 2 が等しい。 |
| ＜値 1＞ != ＜値 2＞ | 値 1 と値 2 が等しくない。 |
| ＜値 1＞ ＞ ＜値 2＞ | 値 1 は値 2 より大きい。 |
| ＜値 1＞ >= ＜値 2＞ | 値 1 は値 2 以上である。 |
| ＜値 1＞ ＜ ＜値 2＞ | 値 1 は値 2 より小さい。 |
| ＜値 1＞ <= ＜値 2＞ | 値 1 は値 2 以下である。 |

　図 2-12 は、「1」と「2」の関係演算に対する計算を表しています。図 2-13 に示すように、コンパイル後実行すると、正しい結果が得られることがわかります。

```
1   class RelationalOperator {
2       public static void main(String[] args) {
3           int v1 = 1;
4           int v2 = 2;
5
6           System.out.println(v1 == v2);
7
8           System.out.println(v1 != v2);
9
10          System.out.println(v1 > v2);
11
12          System.out.println(v1 < v2);
13
14          System.out.println(v1 <= v2);
15      }
16  }
```

図 2-12 関係演算子を用いた計算 （ファイル：RelationalOperator.java）

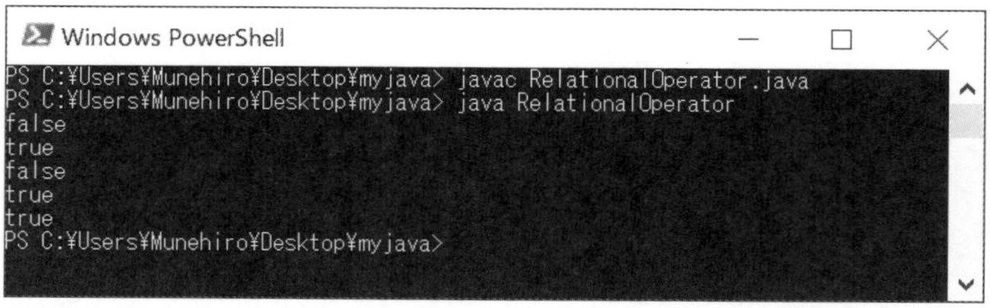

**図 2-13** RelationalOperator.java のコンパイルと実行

　関係演算子は二項演算子なので「1 ＜ x ＜ 10」のような条件式を記述しても、「(1 ＜ x) ＜ 10」のように計算され、意図通りの結果が得られません。ここで、2 番目の「＜」の左のオペランドが論理値になっていることに注意してください。関係演算子を複数含む条件式を記述するためには、次の**論理演算子**（logical operator）を用います。

- ＆＆　　論理積
- ‖　　論理和

　論理演算子は、論理値をオペランドとしてとる二項演算子です。論理積 ＆＆ は「かつ」を表し、論理和 ‖ は「あるいは」を表します。論理演算子を用いて、前述の条件式を表すと、以下のようになります。

```
1 < x && x < 10
```

　図 2-14 は、論理演算子の計算を表しています。図 2-15 に示すように、コンパイル後実行すると、正しく実行されるのがわかります。

```
1   class LogicalOperator {
2       public static void main(String[] args) {
3           int v1 = 1;
4           int v2 = 2;
5
6           System.out.println(v1 == 1 && v2 == 2);
7
8           System.out.println(v1 == 1 || v2 == 1);
9       }
10  }
```

**図 2-14** 論理演算子の計算（ファイル：LogicalOperator.java）

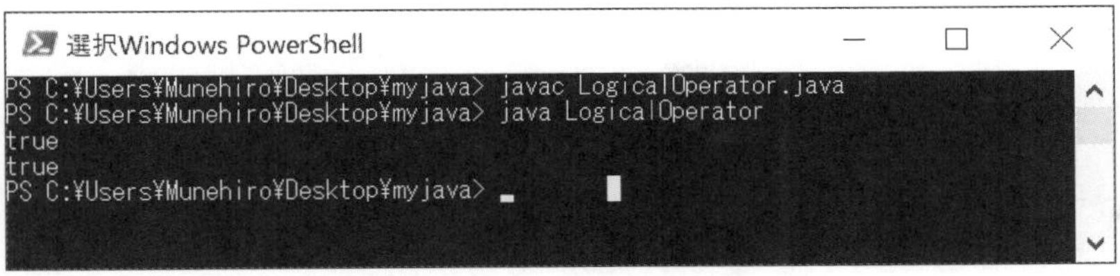

図 2-15 LogicalOperator.java コンパイルと実行

　ここで、< 値 1> && < 値 2> は、「< 値 1>」の結果が false の場合、「< 値 2>」の計算は行いません。また、< 値1> || < 値 2> は、「< 値 1>」の結果が true の場合、「< 値 2>」の計算は行いません。このような計算の仕方を**短絡評価**（short circuit evaluation）といいます。短絡評価は、論理演算子の計算結果に影響しませんが、< 値 2> の計算が必要な場合があるかもしれません。その場合には、&& あるいは || の代わりに、「&」あるいは「|」を用います。

　参照型の値を比較する際には、注意が必要です。2 つの文字列が一致するかどうか調べたいときには、思ったとおりの実行にならないかもしれません。図 2-16 のプログラムをコンパイル後実行してみてください。図 2-17 の 4 つの表示結果は、いずれも同じ文字列を比較していますが、最初の 2 つは、一致しないことを示しています。参照型の値は、参照先の値が格納されている場所を表しているので、たとえ同じ文字列でも、格納されている場所が異なれば、異なる値と判断されます。文字列については、< 文字列 >.intern() によって、同じ文字列に対して同一の参照先を得ることができます。この参照結果を利用することで、後半の表示結果のように、想定した結果を得ることができます。

```
1   class StringRelation {
2       public static void main(String[] args) {
3           String v1 = "program";
4           String v2 = "ming";
5           String v3 = "programming";
6
7           System.out.println(v1+v2 == "programming");
8
9           System.out.println(v1+v2 == v3);
10
11          System.out.println((v1+v2).intern() == "programming".intern());
12
13          System.out.println((v1+v2).intern() == v3.intern());
14      }
15  }
```

図 2-16 文字列の一致性（ファイル：StringRelation.java）

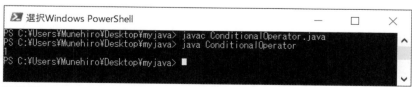

```
Windows PowerShell                              —    □    ×
PS C:¥Users¥Munehiro¥Desktop¥myjava> javac StringRelation.java
PS C:¥Users¥Munehiro¥Desktop¥myjava> java StringRelation
false
false
true
true
PS C:¥Users¥Munehiro¥Desktop¥myjava>
```

**図 2-17** StringRelation.java のコンパイルと実行

　また、「==」を用いず、文字列の内容を直接比較する方法もあります。たとえば、「＜文字列 1＞」と「＜文字列 2＞」の一致性を知りたい場合、＜文字列 1＞.equals（＜文字列 2＞）とします。この方法については、後の「Java API」の章でも触れます。

## 条件演算子

　論理値をオペランドとするその他の演算子に、**条件演算子**（conditional operator）があります。条件演算子は、以下のようにオペランドを 3 つとる**三項演算子**です。

```
＜値 1＞ ？ ＜値 2＞ ： ＜値 3＞
```

　条件演算子は、「＜値 1＞」の計算結果が論理値 true のとき「＜値 2＞」が計算結果になり、false のとき「＜値 3＞」が計算結果になります。図 2-18 は、条件演算子の計算を表しています。図 2-19 が示すように、コンパイル後実行すると、変数「cond」が true であることから、条件演算子の結果は、変数「v1」の値になり、変数「result」に v1 を代入することがわかります。

```
 1  class ConditionalOperator {
 2      public static void main(String[] args) {
 3          int v1 = 1;
 4          int v2 = 2;
 5          int result;
 6          boolean cond = true;
 7          result = cond ? v1 : v2;
 8
 9          System.out.println(result);
10      }
11  }
```

**図 2-18** 条件演算子の計算（ファイル：ConditionalOperator.java）

```
選択Windows PowerShell                            —    □    ×
PS C:¥Users¥Munehiro¥Desktop¥myjava> javac ConditionalOperator.java
PS C:¥Users¥Munehiro¥Desktop¥myjava> java ConditionalOperator
1
PS C:¥Users¥Munehiro¥Desktop¥myjava> ■
```

**図 2-19** ConditionalOperator.java のコンパイルと実行

# ビット演算子とシフト演算子

## 1 ビット演算子

**ビット演算**とは、**汎整数型**（byte 型、short 型、int 型、long 型）（integral type）の値を表している各ビットに対する計算です。ビット演算では、以下のような演算子を用いることができます。

| ビット演算子 | 意味 |
|---|---|
| ＜値 1＞ & ＜値 2＞ | ビット積 |
| ＜値 1＞ \| ＜値 2＞ | ビット和 |
| ＜値 1＞ ^ ＜値 2＞ | 排他的ビット和 |
| ~ ＜値＞ | ビット否定 |

二項演算子である「&」、「|」、「^」の各ビットに対する振舞いは、図 2-20 に示すとおりになります。

| ＜値 1＞ | ＜値 2＞ | & | \| | ^ |
|---|---|---|---|---|
| 0 | 0 | 0 | 0 | 0 |
| 0 | 1 | 0 | 1 | 1 |
| 1 | 0 | 0 | 1 | 1 |
| 1 | 1 | 1 | 1 | 0 |

図 2-20 「&」、「|」、「^」の振舞い

単項演算子であるビット否定「~」は、0 を 1 に、1 を 0 にします。図 2-21 に、ビット演算子（&）の計算を示します。int 型変数「mask」の値は、下位 8 ビットだけが 1 であり、他は 0 です。変数「v」は、8 ビットで表現できる 255 ですが、v+1 の値は桁が 1 つ上がります。コンパイル後実行してみると、図 2-22 に示すように、v & mask は 255、(v+1) & mask は 0 になります。

```
1  class BitOperator {
2      public static void main(String[] args) {
3          int mask = 0x00_00_00_FF;
4          int v = 255;
5
6          System.out.println(v & mask);
7
8          System.out.println((v+1) & mask);
9      }
10 }
```

図 2-21 ビット演算子の計算（ファイル：BitOperator.java）

図 2-22 BitOperator.java のコンパイルと実行

## 2 シフト演算子

シフト演算子（shift operator）は、ビットパターンを指定した数だけ決まった方向にスライドさせる演算子です。このビットパターンのスライドのことを**シフト**といいます。シフト演算子には、シフトする方向と符号を保存するかどうかによって、以下の 3 種類の演算子が用意されています。

| シフト演算子 | 意味 |
|---|---|
| ＜値 1＞ ＜＜ ＜値 2＞ | 符号無し左シフト：「＜値 1＞」のビットパターンを「＜値 2＞」だけ左にシフトする。シフトによって空いたビットは 0 で埋める。 |
| ＜値 1＞ ＞＞ ＜値 2＞ | 符号付き右シフト：「＜値 1＞」のビットパターンを「＜値 2＞」だけ右にシフトする。シフトによって空いたビットは、符号ビットと同じ値で埋める。 |
| ＜値 1＞ ＞＞＞ ＜値 2＞ | 符号無し右シフト：「＜値 1＞」のビットパターンを「＜値 2＞」だけ右にシフトする。シフトによって空いたビットは 0 で埋める。 |

図 2-23 は、シフト演算子の計算を示しています。図 2-24 に示すコンパイル後の実行が示すように、「＞＞」によって符号を保持し、「＞＞＞」によって、符号に関係なく 0 を付加します。

```java
class ShiftOperator {
    public static void main(String[] args) {
        int v = 45;

        System.out.println(v >> 2);

        System.out.println(v << 2);

        v = -45;

        System.out.println(v >> 2);

        System.out.println(v >>> 2);
    }
}
```

図 2-23 シフト演算子の計算（ファイル：ShiftOperator.java）

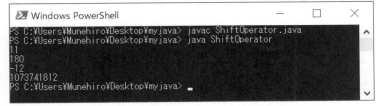

**図 2-24** ShiftOperator.java のコンパイルと実行

# 式と文とブロック

これまで詳しく述べてこなかった**式**（expression）や**文**（statement）という単位と、より大きな単位である**ブロック**（block）について整理しておきましょう。

## 1 式

　**式**は、変数、演算子、メソッド呼出しを、構文に基づいて組み合わせたもので、計算の結果、1 つの値を生成します。式が値を生成することは、値を「返す」という場合もあります。これまでのプログラムから例を挙げれば、次のアミカケの部分が式に当たります。

　　**1.** int result = 1 + 2 ;
　　**2.** System.out.println(v1 == 1 && v2 == 2) ;
　　**3.** System.out.println("1 + 2 = " + result) ;

　式が返す値のデータ型は、その式が含む要素のデータ型によって決まります。たとえば、1 の「result = 1+2」は、int 型の値を返します。なぜなら、代入演算子は、「=」の左辺の型の値を返すからです。2 の「v1 == 1 && v2 == 2」は、「&&」が bool 型の値を返す演算子なので、bool 型です。3 の「"1 + 2 = " + result」は、オペランドに String 型をもつ「+」演算子が String 型を返すので String 型です。
　式は、小さい式を使って、大きい複雑な式へと、データ型が合うように合成することができます。複数の演算子を含む合成された式は、優先順位の高い演算子から順に計算されます。たとえば、「1 + 2 * 3」は、「1 + ( 2 * 3 )」のように計算されます。一方、「1 + 2 − 3」のように、同じ優先順位の演算子は、結合規則によって計算順序が決まります。「+」と「−」の演算子は、左結合なので、「( 1 + 2 ) − 3」のように計算します。また、「x = y = 1」は、「=」が右結合なので、「x = ( y = 1 )」のように計算します。

## 2 文

　プログラミング言語の構文の中で、実行が完結する単位を「文」といいます。以下の式は、最後に「;」を付けることによって文になります。

- 代入演算子を含む式。以下、「代入式」といいます。
  例：`result = 1 + 2;`
- 「++」や「--」を用いるもの
  例：`result++ ;`
- メソッド呼出し
  例：`System.out.println("Hello World!") ;`
- 「オブジェクト生成」式（詳しくは、第3章「Java API」で説明します）
  例：`Point p = new Point( ) ;`

これらを**式文**といいます。

文には、他に文の実行順序を制御する**制御フロー文**（control flow statement）があります。制御フロー文については、第3章で紹介します。

## 3　ブロック

0個かそれ以上の文を「{」と「}」で囲んでグループにしたものを**ブロック**（block）といいます。ブロックは、文を記述できる任意の位置に文の代わりに記述することができます。

# 型の変換と昇格

計算結果を、その型と同じ型の変数に代入したり、演算子の計算を、同じ型の値のオペランドで行ったりする例を見てきました。これらは、必ず同じ型でなければならないわけではなく、変換が可能な範囲で、異なった型が許されます。ここでは、基本型の値で許される**拡大変換**（widening primitive conversion）を中心に説明します。

## 1　拡大変換

「拡大変換」は、情報が失われないように、より広い型への変換を許すことを意味します。型の広さの考え方は、「＜型1＞」が「＜型2＞」より広いことを「＜型1＞ ＞ ＜型2＞」で表すとすると、次の関係が成り立ちます。

```
double > float > long > int > short > byte
```

たとえば、int型は、double型、float型、long型に変換できますが、その逆はできないことを意味します。また、char型の値は文字コードという整数値をもつので、次のような変換が許されます。

```
double > float > long > int > char
```

ここで、byte型やshort型からchar型への変換や、その逆を行うことは許されないことに注意してください。

「＜変数＞ ＝ ＜式＞」のような代入は、「＜変数＞」と「＜式＞」の型が同じか、「＜変数＞」の型のほうが広いときに許されます。「＜変数＞」の型が広い場合は、「＜式＞」の型が拡大変換されます。また、メソッドの引数として与えられた値も、メソッドで指定された型に拡大変換されます。

図 2-25 は、int 型の値を double 型の変数に代入し、char 型の値を float 型の変数に代入する様子を表しています。図 2-26 に示すように、問題なく、コンパイルと実行が行えることがわかります。一方、図 2-27 に示すように、代入の左辺の型と右辺の型を取り換えてみると、図 2-28 のように、コンパイル時に「エラー」が発生します。

```
 1  class Widening {
 2      public static void main(String[] args) {
 3          int i = 1;
 4          double d = i;
 5          System.out.println(d);
 6
 7          char c = 'x';
 8          float f = c;
 9          System.out.println(f);
10      }
11  }
```
**図 2-25** 代入の変換（ファイル：Widening.java）

```
Windows PowerShell                          —    □    ×
PS C:\Users\Munehiro\Desktop\myjava> javac Widening.java
PS C:\Users\Munehiro\Desktop\myjava> java Widening
1.0
120.0
PS C:\Users\Munehiro\Desktop\myjava> _
```
**図 2-26** Widening.java のコンパイルと実行

```
 1  class Widening2 {
 2      public static void main(String[] args) {
 3          double d = 1.0;
 4          int i = d;
 5          System.out.println(i);
 6
 7          float f = 2.0F;
 8          char c = f;
 9          System.out.println(c);
10      }
11  }
```
**図 2-27** 許されない代入の変換（ファイル：Widening2.java）

```
Windows PowerShell
PS C:¥Users¥Munehiro¥Desktop¥myjava> javac Widening2.java
Widening2.java:5: エラー: 不適合な型: 精度が失われる可能性があるdoubleからintへの変換
        int i = d;
                ^
Widening2.java:9: エラー: 不適合な型: 精度が失われる可能性があるfloatからcharへの変換
        char c = f;
                 ^
エラー2個
PS C:¥Users¥Munehiro¥Desktop¥myjava>
```

図 2-28 Widening2.java のコンパイルとエラー

## 3 オペランドの昇格

演算子のオペランドの型を共通の型にすることを**昇格**（numeric promotion）といいます。二項演算子のオペランドの場合、次の規則に従って、拡大変換を適用します。

1. **いずれかのオペランドが double 型なら、他方のオペランドも double 型に変換する。**
2. **上記以外で、いずれかのオペランドが float 型なら、他方のオペランドも float 型に変換する。**
3. **上記以外で、いずれかのオペランドが long 型なら、他方のオペランドも long 型に変換する。**
4. **さもなければ、両方のオペランドを int 型に変換する。**

たとえば、図 2-29 のような int 型と double 型をオペランドにもつ乗算は、int 型を double 型に昇格させて計算されます。図 2-30 の結果から、実際に実数の乗算が行われたことがわかります。

```
class Promotion {
    public static void main(String[] args) {
        int a = 2;
        double x = a * 0.5;

        System.out.println(x);
    }
}
```

図 2-29 昇格（ファイル：Promotion.java）

```
Windows PowerShell
PS C:¥Users¥Munehiro¥Desktop¥myjava> javac Promotion.java
PS C:¥Users¥Munehiro¥Desktop¥myjava> java Promotion
1.0
PS C:¥Users¥Munehiro¥Desktop¥myjava>
```

図 2-30 Promotion.java のコンパイルと実行

一方、図 2-31 のような byte 型のオペランドを加算するプログラムを考えてみましょう。各オペランドは、int 型に昇格されるので、加算の結果も int 型になります。すなわち、byte 型の変数「x」への代入は許されないことになります。実際、コンパイルをすると、図 2-32 のように、コンパイル時にエラーが発生します。

```
1  class Promotion2 {
2      public static void main(String[] args) {
3          byte a = 1, b = 2;
4          byte x = a + b;
5
6          System.out.println(x);
7      }
8  }
```
図 2-31 昇格による代入の失敗（ファイル：Promotion2.java）

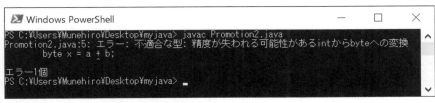

図 2-32 Promotion2.java のコンパイル

## 4 文字列変換

文字列変換（string conversion）は、「+」演算子のいずれかのオペランドが String 型であるとき、他方のオペランドを、型によらず String 型に変換します。

図 2-33 に、文字列、整数値、実数値、論理値、文字を「+」でつなげる例を示します。図 2-34 の結果から、1 つの文字列になっているのがわかります。

```
1  class StringConv {
2      public static void main(String[] args) {
3          String x = "toString= " + 1 + 2.0 + true + 'a';
4
5          System.out.println(x);
6      }
7  }
```
図 2-33 文字列変換（ファイル：StringConv.java）

```
Windows PowerShell                                        —    □    ×
PS C:\Users\Munehiro\Desktop\myjava> javac StringConv.java
PS C:\Users\Munehiro\Desktop\myjava> java StringConv
toString= 12.0truea
PS C:\Users\Munehiro\Desktop\myjava>
```
図 2-34 StringConv.java のコンパイルと実行

　明示的に型を変換することを**キャスト**（cast）といい、**キャスト演算子**「(<型名>)」を式の前に記述します。キャスト演算子の型を「<型1>」、キャスト演算子を適用する式の型を「<型2>」とすると、「<型1> > <型2>」の場合は、「型2」に拡大変換が適用されます。一方、「<型1> < <型2>」の場合には、狭い型に変換する**縮小変換**（narrowing primitive conversion）が適用されます。

　基本型の縮小変換は、次の変換が許されます。

1. short 型から byte 型や char 型への変換
2. char 型から byte 型や short 型への変換
3. int 型から byte 型、short 型、あるいは char 型への変換
4. long 型から byte 型、short 型、char 型、あるいは int 型への変換
5. float 型から byte 型、short 型、char 型、int 型、あるいは long 型への変換
6. double 型から byte 型、short 型、char 型、int 型、long 型、あるいは float 型への変換

　キャストの例を図 2-35 に示します。キャスト演算子は、他の演算子に比べて結合力が強いので、注意が必要です。1 つ目の式「(int)10 / 4.0」は、「(int)」が適用されるのが「10」なので、「10 / 4.0」と同じになります。一方、2 つ目の式「(int)(10 / 4.0)」では、「(int)」が「10 / 4.0」の結果に適用されるので、計算結果の小数点以下が切り捨てになります。図 2-36 の結果は、2 つの式の結果の違いを示しています。

```
1  class Narrowing {
2      public static void main(String[] args) {
3          double x = (int)10 / 4.0;
4          System.out.println(x);
5
6          double y = (int)(10 / 4.0);
7          System.out.println(y);
8      }
9  }
```

図 2-35 キャスト（ファイル：Narrowing.java）

図 2-36 Narrowing.java のコンパイルと実行

例題 **2-1　フルーツの購入**

200 円のりんご 400 個と、150 円のなし 450 個を購入したときのそれぞれの合計金額を計算しなさい。

〔プログラム〕

金額を扱うので、変数はすべて int 型としています。

```java
class Fruit {
    public static void main(String[] args) {
        int priceAp = 200;
        int pricePe = 150;
        int ap = 400;
        int pe = 450;

        System.out.println("りんご:" + ap + "個");
        System.out.println("なし:" + pe + "個");
        System.out.println("りんご合計:" + (priceAp * ap) + "円");
        System.out.println("なし合計:" + (pricePe * pe) + "円");
    }
}
```

りんごとなしのそれぞれの価格を、変数「priceAp」、「pricePe」に格納し、それぞれの個数を、変数「ap」、「pe」に格納しています。これらの変数を用いて、おのおのの単価×数量を計算し、表示しています。

〔実行結果〕

```
PS C:\Users\Munehiro\Desktop\myjava> javac Fruit.java
PS C:\Users\Munehiro\Desktop\myjava> java Fruit
りんご:400個
なし:450個
りんご合計:80000円
なし合計:67500円
PS C:\Users\Munehiro\Desktop\myjava>
```

　東京駅から名古屋駅、京都駅、大阪駅の3都市までの距離が以下の表で示され、新幹線（278km/時）、電車（140km/時）、車（140km/時）、徒歩（4km/時）の速さ（時速）が示されているとき、東京から3都市までのおのおのの所要時間を求めなさい。

〔距離の表〕

|  | 東京駅 | 名古屋駅 | 京都駅 | 大阪駅 |
|---|---|---|---|---|
| 距離（km） | 0 | 366 | 513.6 | 552.6 |
| 新幹線（278km/時） | 0 | | | |
| 電車（140km/時） | 0 | | | |
| 車（80km/時） | 0 | | | |
| 徒歩（4km/時） | 0 | | | |

〔プログラム〕

```
1   class ConsumedTime {
2       public static void main(String[] args) {
3           double speed;
4           double nagoya = 366;
5           double kyoto = 513.6;
6           double osaka = 552.6;
7
8           speed = 278;
9           System.out.println(" 新幹線 (" + speed + " km/ 時) :");
10          System.out.println("  名古屋:" + (nagoya / speed) + " 時間 ");
11          System.out.println("  京都:" + (kyoto / speed) + " 時間 ");
12          System.out.println("  大阪:" + (osaka / speed) + " 時間 ");
13          speed = 140;
14          System.out.println(" 電車 (" + speed + " km/ 時) :");
15          System.out.println("  名古屋:" + (nagoya / speed) + " 時間 ");
16          System.out.println("  京都:" + (kyoto / speed) + " 時間 ");
17          System.out.println("  大阪:" + (osaka / speed) + " 時間 ");
18          speed = 80;
19          System.out.println(" 車 (" + speed + " km/ 時) :");
20          System.out.println("  名古屋:" + (nagoya / speed) + " 時間 ");
21          System.out.println("  京都:" + (kyoto / speed) + " 時間 ");
22          System.out.println("  大阪:" + (osaka / speed) + " 時間 ");
23          speed = 4;
24          System.out.println(" 徒歩 (" + speed + " km/ 時) :");
25          System.out.println("  名古屋:" + (nagoya / speed) + " 時間 ");
26          System.out.println("  京都:" + (kyoto / speed) + " 時間 ");
27          System.out.println("  大阪:" + (osaka / speed) + " 時間 ");
28      }
29  }
```

〔実行結果〕

```
Windows PowerShell                              —    □    ×

PS C:\Users\Munehiro\Desktop\myjava> javac ConsumedTime.java
PS C:\Users\Munehiro\Desktop\myjava> java ConsumedTime
新幹線 (278.0 km/時)  :
 名古屋 : 1.316546762589928 時間
 京都 : 1.8474820143884894 時間
 大阪 : 1.987769784172662 時間
電車 (140.0 km/時)  :
 名古屋 : 2.6142857142857143 時間
 京都 : 3.6685714285714286 時間
 大阪 : 3.9471428571428575 時間
車 (80.0 km/時)  :
 名古屋 : 4.575 時間
 京都 : 6.42 時間
 大阪 : 6.907500000000001 時間
徒歩 (4.0 km/時) :
 名古屋 : 91.5 時間
 京都 : 128.4 時間
 大阪 : 138.15 時間
PS C:\Users\Munehiro\Desktop\myjava>
```

### 例題 2-3 ジュースの運搬

　大量のジュースの運搬を考える。1 ケースにはジュースを 12 本入れることができ、30 ケースを 1 台のトラックで運ぶことができる。全体のジュースの本数（361 本）を入力し、何ケース必要で、ジュース全体を運搬するために何台のトラックが必要かを計算しなさい。ただし、最低 1 台のトラックが必要で、1 本でも既定の本数を超えた場合は追加のトラックが必要になるものとする。

　たとえば、ジュースが 12 本であれば 1 ケース必要で、トラックも 1 台必要になります。ジュースが 360 本であれば 30 ケース必要で、トラックも 1 台で済みますが、ジュースが 361 本の場合は、31 ケース必要で、トラックも 2 台必要になります。

〔プログラム〕

```java
class Transport {
    public static void main(String[] args) {
        int juice = 361;
        int box = (juice - 1) / 12 + 1;
        int extraJuice = juice % 12;
        int track = (box - 1) / 30 + 1;
        int extraBox = box % 30;

        System.out.println("ジュース:" + juice + " 本");
        System.out.println("ケース:" + box + " 箱");
        System.out.println(" (" + extraJuice + " 本だけのケースあり )");
        System.out.println("トラック:" + track + " 台");
        System.out.println(" (" + extraBox + " 箱だけのトラックあり )");
    }
}
```

　各変数は、int 型で宣言します。変数「juice」をジュースの本数として、361 本を指定しています。整数演算において商と余りを求める演算子 /、% を用いて計算します。

〔実行結果〕

```
Windows PowerShell                              —    □    ×
PS C:\Users\Munehiro\Desktop\myjava> javac Transport.java
PS C:\Users\Munehiro\Desktop\myjava> java Transport
ジュース:361 本
ケース:31 箱
 (1 本だけのケースあり)
トラック:2 台
 (1 箱だけのトラックあり)
PS C:\Users\Munehiro\Desktop\myjava>
```

## 練習問題

### 2-1

　ある金額を支払うことを考える。一万円、五千円、二千円、千円（以上紙幣）、500 円、100 円、50 円、10 円、5 円、1 円（以上硬貨）について、最も枚数（紙幣）、個数（硬貨）が少ない支払いとなる方法で、おのおのの枚数、個数を求めなさい。

### 2-2

　ある秒数について、何時間、何分、何秒に当たるか計算しなさい。

### 2-3

　ある半径 r の円の円周、円の面積、球の表面積、球の体積を計算しなさい。π は 3.14 としてよい。

# 第 3 章

# Java API

これまで、ファイル名と一致するクラスを 1 つ用意し、そこに、main メソッドを記述することによってプログラムを作成してきました。実践的な Java のプログラムでは、複数のクラスを定義したり、作り付けのソフトウェアコンポーネントである **Java API**（Java application program interface、単に「API」という場合もある）を利用したりして、複雑なプログラムを作成します。

本章では、Java API の利用方法について説明します。

## static メソッド

**メソッド**（method）は、クラスに属するか、クラスを実体化した**オブジェクト**（object）に属しています。メソッドを呼び出すときには、以下のように、属しているクラスかオブジェクトをピリオド「.」の前に指定します。

> ＜クラス名あるいはオブジェクト＞ ． ＜メソッド名＞（ ＜実引数＞ ）

クラスに属するメソッドは、**static メソッド**といい、クラス名にピリオド「.」を付けて呼び出します。たとえば、「Math」クラスは多くの数値計算を行うメソッドを API として提供しています。主なメソッドには、以下のようなものがあります。

| 返り値の型 | 呼出し形式 | 説明 |
|---|---|---|
| double | abs(double a) | double 値の絶対値を返す。 |
| int | abs(int a) | int 値の絶対値を返す。 |
| double | max(double a、double b) | 2 つの double 値のうち大きいほうを返す。 |
| int | max(int a、int b) | 2 つの int 値のうち大きいほうを返す。 |
| double | min(double a、double b) | 2 つの double 値のうち小さいほうを返す。 |
| int | min(int a、int b) | 2 つの int 値のうち小さいほうを返す。 |
| double | pow(double a、double b) | 第 1 引数を、第 2 引数で累乗した値を返す。 |
| double | cbrt(double a) | double 値の立方根を返す。 |
| double | sqrt(double a) | double 値の平方根を返す。 |

| double | sin(double a) | 角度の正弦（サイン）を返す。 |
|---|---|---|
| double | cos(double a) | 角度の余弦（コサイン）を返す。 |
| double | tan(double a) | 角度の正接（タンジェント）を返す。 |
| double | log(double a) | double 値の自然対数値（底は e）を返す。 |
| double | log10(double a) | double 値の 10 を底とする対数を返す。 |
| double | random() | 0.0 以上で、1.0 より小さい double 値を返す。 |
| double | ceil(double a) | double の値以上の最小の整数を double 値で返す。 |
| double | floor(double a) | double の値以下で最大の整数を double 値で返す。 |

Math クラスのメソッドを利用して、原点から座標上のある点までの距離を求めるプログラムを考えてみましょう。変数「x」と「y」を、それぞれ座標の x 座標、y 座標として、(5.0, 3.0) の原点からの距離を求めるプログラムは、図 3-1 のようになります。

```
1   class Distance {
2       public static void main(String[] args) {
3
4           double x = 5.0;
5           double y = 3.0;
6
7           double d = Math.sqrt( Math.pow(x,2) + Math.pow(y,2) );
8           System.out.println("dist(" + x + "," + y + ")=" + d);
9       }
10  }
```

**図 3-1** (5.0, 3.0) の原点からの距離（ファイル：Distance.java）

図 3-1 をコンパイル後実行すると、図 3-2 のように距離が得られます。

**図 3-2** Distance.java のコンパイルと実行

## ■ インスタンスメソッド

クラスに属している static メソッドに対して、オブジェクトに属しているメソッドを**インスタンスメソッド**（instance method）といいます。たとえば、文字列もオブジェクトの 1 つなので、以下のようなインスタンスメソッドを API として提供しています。

| 返り値の型 | 呼出し形式 | 説明 |
|---|---|---|
| char | charAt(int index) | index 番目の文字を返す。 |
| int | compareTo(String str) | 2 つの文字列を辞書的に比較し、どの程度異なるかを返す（str が辞書的に前なら正、後ろなら負、同じなら 0 の整数）。 |
| boolean | equals(Object obj) | obj と一致するかを boolean として返す。 |
| int | indexOf(char ch) | 文字 ch が最初に出現する場所を int として返す。 |
| int | indexOf(String str) | 文字列 str が最初に出現する場所を int として返す。 |
| String | intern() | 同じ文字列に対して、同じ参照を返す。 |
| boolean | isEmpty() | 長さが 0 のときに true を返す。 |
| int | length() | 長さを int として返す。 |
| String | substring(int begin) | begin 番目以降の部分文字列を返す。 |
| String | substring(int begin, int end) | begin 番目から end 番目までの部分文字列を返す（end 番目は部分文字列に含まれない）。 |
| char[] | toCharArray() | 文字の配列（後で述べる）に変換して返す。 |

　文字列の比較を行うプログラムを図 3-3 に示します。図 3-4 の実行結果が示すように、参照型の値である文字列でも、インスタンスメソッドによって、文字の並びとして比較できることがわかります。

```
 1  class StringRelation2 {
 2      public static void main(String[] args) {
 3          String v1 = "program";
 4          String v2 = "ming";
 5
 6          System.out.println((v1+v2) == "programming");
 7
 8          System.out.println((v1+v2).equals("programming"));
 9
10          System.out.println((v1+v2).compareTo(v1));
11
12          System.out.println((v1+v2).compareTo("programming"));
13      }
14  }
```

**図 3-3** 文字列のインスタンスメソッド（ファイル：StringRelation2.java）

**図 3-4** StringRelation2.java のコンパイルと実行

　文字列は、それ自身がオブジェクトなので、「＜文字列 1＞.equals(＜文字列 2＞)」というように、

直接インスタンスメソッドを呼び出せます。また、これまで使用してきた「println」もインスタンスメソッドですが、属しているオブジェクトがクラスの変数「System.out」（System クラス）に用意されているので、`System.out.println(...)` で呼び出すことができました。しかし、このような場合はまれで、多くの場合は、まずクラスからオブジェクトを生成しなければなりません。オブジェクトの生成は、「new」を用いて、次のようにします。

```
new ＜クラス名＞ ( ＜実引数＞ )
```

クラスから生成されたオブジェクトを、そのクラスの**インスタンス**（実体、instance）といいます。クラスは、オブジェクトのひな型であり、オブジェクトはクラスに記述されたメソッドと変数をもちます。オブジェクトは、必要に応じてクラスから生成することができますが、個々の変数内に異なった値をもつことができるという意味で、独立した実体とみなすことができます。インスタンスを生成する際には、＜実引数＞に指定した値によって、インスタンス固有の変数を初期化することができます。

「java.util.Scanner」クラスのインスタンスに属するメソッドを考えましょう。java.util.Scanner は、以下のようにインスタンスを生成すると、キーボードから入力した値を返すインスタンスメソッドを利用できるようになります。

```
new java.util.Scannner ( System.in )
```

java.util.Scanner のインスタンスメソッドには、入力する値の型によって、以下のようなメソッドが API として提供されています。

| 返り値の型 | 呼出し形式 | 説明 |
|---|---|---|
| String | next() | 入力の文字列を返す。 |
| Byte | nextByte() | 入力の文字部分を byte として返す。 |
| Int | nextInt() | 入力の整数部分を int として返す。 |
| Double | nextDouble() | 入力の実数部分を double として返す。 |
| Boolean | hasNext() | 入力に空白を含まない文字列があれば true を返す。 |
| Boolean | hasNextByte() | 入力に文字部分があれば true を返す。 |
| Boolean | hasNextInt() | 入力に整数部分があれば true を返す。 |
| Boolean | hasNextDouble() | 入力に実数部分があれば true を返す。 |

Scanner を用いて整数値の入力を 2 つ得て、座標を表示するプログラムを図 3-5 に示します。最初に、クラス「java.util.Scanner」からインスタンスを生成し、変数「s」に代入しています。変数 s の型として、同じクラスの「java.util.Scanner」が指定されていることに注意しましょう。クラスは、オブジェクトのひな型であると同時に、オブジェクトの型になります。

```
1  class InputInt {
2      public static void main(String[] args) {
3          java.util.Scanner s = new java.util.Scanner(System.in);
4          int x = s.nextInt();
5          int y = s.nextInt();
```

```java

        System.out.println("(" + x + "," + y + ")");
    }
}
```

図 3-5 整数値の入力（ファイル：InputInt.java）

```
Windows PowerShell
PS C:¥Users¥Munehiro¥Desktop¥myjava> javac InputInt.java
PS C:¥Users¥Munehiro¥Desktop¥myjava> java InputInt
1 2
(1,2)
PS C:¥Users¥Munehiro¥Desktop¥myjava>
```

図 3-6 InputInt.java のコンパイルと実行

続く s.nextInt() は、空白文字（スペース、タブ、改行を含む）で区切られた整数部分を、順に入力から取得して返します。図 3-6 のコンパイル後の実行結果では、スペースで区切った 2 つの整数値を入力して表示しています。

## 例題 3-1 BMI と標準体重の計算

キーボードから身長（cm）と体重（kg）を入力して、肥満度係数（BMI、体重 ÷ ( 身長 ÷ 100)$^2$）と標準体重（22 × ( 身長 ÷ 100)$^2$）を計算しなさい。

〔プログラム〕

```java
class BMI {
    public static void main(String[] args) {
        java.util.Scanner s = new java.util.Scanner(System.in);
        double h = s.nextDouble() / 100;
        double w = s.nextDouble();

        double bmi = w / Math.pow(h, 2.0);
        double regW = 22.0 * Math.pow(h, 2.0);
        System.out.println("BMI = " + bmi + ", 標準体重 = " + regW);
    }
}
```

〔実行結果〕

身長に 175、体重に 65 を入力した場合は、以下のようになります。

```
Windows PowerShell
PS C:¥Users¥Munehiro¥Desktop¥myjava> javac BMI.java
PS C:¥Users¥Munehiro¥Desktop¥myjava> java BMI
175 65
BMI = 21.224489795918366, 標準体重 = 67.375
PS C:¥Users¥Munehiro¥Desktop¥myjava>
```

例題 3-2 返事の表示

　キーボードから、「わたしは○○です」と入力すると、「こんにちは○○さん」と表示するようにしなさい。

〔プログラム〕

```
 1  class Response {
 2      public static void main(String[] args) {
 3          java.util.Scanner s = new java.util.Scanner(System.in);
 4          String stmt = s.next();
 5
 6          int begin = stmt.indexOf("は") + 1;
 7          int end = stmt.indexOf("で");
 8          String name = stmt.substring(begin, end);
 9          System.out.println("こんにちは" + name + "さん");
10      }
11  }
```

〔実行結果〕

　わたしは滝本です　と入力した場合は、以下のようになります。

練習問題

3-1

　キーボードから秒数を入力し、時分秒に変えて表示しなさい。

第 **4** 章

# 条件分岐

　プログラム中の文は、基本的に先頭から順に実行する**順次**（sequence）によって処理されます。この実行の流れを**制御フロー**といいます。処理する内容が複雑になると、制御フローの変更が必要になります。制御フローの変更は、**制御フロー文**によって行います。制御フロー文には、条件判断によって制御フローを変更する**条件分岐文**、制御フローを循環させる**繰返し文**、繰返し文を拡張する**無条件分岐文**があります。

　本章では、3 つの条件分岐文を紹介するとともに、分岐をもつプログラムを図式化する方法を紹介します。繰返し文と無条件分岐文は、次章で説明します。

## if 文

　if 文は、最も基本的な制御フロー文です。関係演算子と論理演算子からなる「＜条件式＞」を用いて、以下のように記述します。

```
if ( ＜条件式＞ ) ＜文＞
```

　「＜文＞」は、「＜条件式＞」が true を返すときだけ実行されます。たとえば、図 4-1 に示す if 文では、条件式「x > 0」が true になるので、図 4-2 に示すように "x>0 = true" を表示します。仮に条件式が false になったとすると、if 文の終わりに実行が移ることになります。

```
1  class IfStmt {
2      public static void main(String[] args) {
3          int x = 1;
4
5          if ( x > 0 ) {
6              System.out.println("x>0 = true");
7          }
8      }
9  }
```

**図 4-1** if 文の例（ファイル：IfStmt.java）

**図 4-2** IfStmt.java のコンパイルと実行

この例では、if 文に含まれる文としてブロックを記述していますが、ブロック内には、`System.out.println("x>0 = true");` の 1 文しかないので、「`{`」と「`}`」を取り除くことができます。

## if-else 文

if-else 文は、「＜条件式＞」が false になるときに実行するもう 1 つの実行経路をもつ制御フロー文です。以下のように記述します。

```
if ( ＜条件式＞ ) ＜文1＞ else ＜文2＞
```

「＜文 1＞」は、if 文と同様に、「＜条件式＞」が true を返すときに実行されます。一方、「＜文 2＞」は、＜条件式＞が false を返すときに実行されます。

```
1  class IfElseStmt {
2      public static void main(String[] args) {
3          int x = 0;
4
5          if ( x > 0 ) {
6              System.out.println("x>0 = true");
7          }
8          else {
9              System.out.println("x>0 = false");
10         }
11     }
12 }
```

**図 4-3** if-else 文の例（ファイル：IfElseStmt.java）

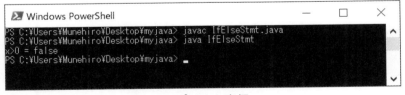

**図 4-4** IfElseStmt.java のコンパイルと実行

たとえば、図 4-1 に else を加えて if-else 文にしたものを図 4-3 に示します。「x = 0;」によって、＜条件文＞が false になるようにすると、図 4-4 のように「else」の後の文が実行されることがわかります。

if-else 文は、それ自身が文なので、別の if-else 文の中に入れ子状に記述することができます。たとえば、図 4-5 は、点数を格納している int 型の変数「score」によって、4 段階の評価を表示するプログラムです。実行の結果は、図 4-6 のようになります。

```
1  class NestedIfElseStmt {
2      public static void main(String[] args) {
3          int score = 70;
4
5          if ( score >= 80 ) {
6              System.out.println("A");
7          }
8          else if ( score >= 70 ) {
9              System.out.println("B");
10         }
11         else if ( score >= 60 ) {
12             System.out.println("C");
13         }
14         else {
15             System.out.println("D");
16         }
17     }
18 }
```

**図 4-5** if-else 文の入れ子の例（ファイル：NestedIfElseStmt.java）

**図 4-6** NestedIfElseStmt.java のコンパイルと実行

ここで、「score = 70」に対して、複数の条件式「score >= 70」と「score >= 60」が満たされるにも関わらず、表示されるのが「B」だけであることに注意してください。if-else 文の入れ子では、＜条件式＞が最初に true になる文が実行されるので、残りは実行されません。

# switch 文

switch 文は、if 文や if-else 文と違って、3 つ以上の実行経路をもつことができます。switch 文は、次のように、「switch」の後にくる「＜式＞」と、本体である＜switch ブロック＞からなります。

```
1  Switch ( ＜式＞ ) {
2      case ＜定数式 1＞ : ＜文 1＞
3      case ＜定数式 2＞ : ＜文 2＞
4                  ：
5      case ＜定数式 n＞ : ＜文 n＞
6      default : ＜文 '＞
7  }
```

switch ブロック中の各文は、1 つ以上の `case <定数式>:` あるいは `default:` によってラベル付けされています。

switch 文は、まず <式> の計算をし、その結果と一致する結果をもつ「<定数式>」に続くすべての文を実行します。ここで、<定数式> とは、コンパイル時に計算できる式を意味しており、変数を含む場合は、「final」で宣言した変数（一度代入したら変更できない）だけが許されます。`default:` に続く <文'> は、いずれの <定数式> の結果にも一致しなかった場合に実行されます。`default : <文'>` は、省略することもできます。図 4-7 に例を示します。

```java
class SwitchStmt {
    public static void main(String[] args) {
        int date = 8;
        int firstSun = 2;
        String day;

        switch ( (date + 7 - firstSun) % 7 ) {
            case 0 : day = "Sun"; break;
            case 1 : day = "Mon"; break;
            case 2 : day = "Tues"; break;
            case 3 : day = "Wednes"; break;
            case 4 : day = "Thurs"; break;
            case 5 : day = "Fri"; break;
            case 6 : day = "Satur"; break;
            default : day = "No such ";
        }
        System.out.println(day + "day");
    }
}
```

図 4-7 switch 文の例（ファイル：SwitchStmt.java）

図 4-7 は、日にち（変数「date」に代入）からその曜日（変数「day」に代入）を求めるプログラムです。その日にちが何月かによって、その月の最初の日曜日の日にち（変数「firstSun」に代入）を与えるようにしてあります。日曜日から土曜日までの各曜日は、0 から 6 までに対応させ、case の <定数式> として指定してあります。曜日の計算は、「date」から「firstSun」を引くことによって、日にちを日曜日から始まるようにそろえ、7 の剰余を計算しています。マイナスにならないように、最初に 7 を足しているので注意してください。

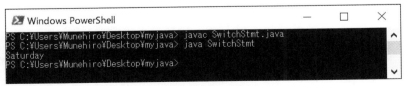

図 4-8 SwitchStmt.java のコンパイルと実行

図 4-7 では、2018 年 9 月 8 日の曜日を計算するために、「date = 8」、「firstSun = 2」としています。結果は、図 4-8 に示すように、正しく Saturday と表示します。

ここで、プログラム中の各文が、**break 文** break; で終わっていることに注意してください。break 文は、switch 文を終了することを示しています（break 文については、第 5 章で詳しく説明します）。もし、マッチした case の文に break 文がなければ、以降の case の文が、定数式の結果に関わらず、break 文に出会うまで実行されることになります。試しに、図 4-7 から、すべての「break:」を取り除いてみると、実行結果は、図 4-9 のようになります。

**図 4-9** break なしの SwitchStmt.java（SwitchNoBreak.java）のコンパイルと実行

「case 6 :」を実行した後、そのまま default 文まで実行され、文字列型の変数「day」が「"No such "」で上書きされることがわかります。

キーワード switch に続く「＜式＞」と case の「＜定数式＞」の型は、一致していなければなりません。図 4-7 では、int 型の例を示しましたが、その他、「byte 型」、「short 型」、「char 型」の基本型や、それらをラップする「クラス型」、および「列挙型」でも実行できます。さらに、Java SE 7 以降では、「String 型」でも実行できます。例として、図 4-10 に、数字を表す英単語「one」から「nine」を整数に変換するプログラムを示します。図 4-11 に示すように、switch 文が String 型でも実行できるのがわかります。

```java
 1  class SwitchString {
 2      public static void main(String[] args) {
 3          String word = "five";
 4          int num;
 5
 6          switch ( word ) {
 7              case "one" : num = 1; break;
 8              case "two" : num = 2; break;
 9              case "three" : num = 3; break;
10              case "four" : num = 4; break;
11              case "five" : num = 5; break;
12              case "six" : num = 6; break;
13              case "seven" : num = 7; break;
14              case "eight" : num = 8; break;
15              case "nine" : num = 9; break;
16              default : num = 0;
17          }
18          System.out.println(word + " = " + num);
19      }
20  }
```

**図 4-10** String 型での switch 文の例（ファイル：SwitchString.java）

**図 4-11** SwitchString.java のコンパイルと実行

# 流れ図

　実践的なプログラムには、これまで説明したような制御フロー文が多く含まれます。制御フロー文が増えていくと、制御フローが複雑になり、プログラムが理解しにくくなります。そこで、プログラムの制御フローを図式的に表現することがよく行われます。そのような図式表現の1つに**流れ図**(flow chart) があります。本書では、図 4-12 に示すような、JIS X 0121:1986 で定義された記号を用いて流れ図を記述します。

| 記号 | 名称 | 説明 |
|---|---|---|
| | 端子 | 外部環境への出口、または外部環境からの入り口を表す。 |
| | 処理 | 任意の種類の処理機能を表す。 |
| | 判断 | 一つの入り口といくつかの択一的な出口を持ち記号中に定義された条件の評価に従って唯一の出口を選ぶ判断機能またはスイッチ形の機能を表す。 |
| | 定義済み処理 | サブルーチンやモジュール等別の場所で定義された一つ以上の演算または命令群からなる処理を表す。 |
| | 手入力作業 | 手で入力して情報を操作するあらゆる種類の媒体とのデータを表す。 |
| | 表示 | 人が利用する情報を表示するあらゆる種類の媒体上のデータを表示する。 |
| | 線 | データまたは制御の流れを表す。 |
| | ループ始端 | 2 つの部分からなり、繰返しの始まりを表す。 |
| | ループ終端 | 2 つの部分からなり、繰返しの終わりを表す。 |
| | データ | 媒体を指定しないデータを示す。 |

| | 記憶データ | 処理に適した形で記憶されているデータを表す。媒体は指定しない。 |
|---|---|---|
| | 注釈 | 明確にするために、説明または注を付加するのに用いる。 |
| | 結合子 | 同じ流れ図中の他の部分への出口、または他の部分からの入り口を表したり、線を中断し他の場所へ続けたりするのに用いる。 |
| | 破線 | 2つ以上の記号の間の択一的な関係を表す。 |

図 4-12 JIS X 0121:1986 で定義する主な流れ図記号

　流れ図は、コンピュータの処理だけでなく、日常生活の行動スケジュールや、料理のレシピなどの「手順」を表すこともできます。たとえば、朝起きてから就寝までの流れを表す流れ図は図 4-13 のようになります（順次）。また、図 4-14 は、毎日の通勤において、朝の起床時間によって「判断し」、家から駅まで「バスに乗車」する場合と、「タクシーに乗車」する場合があることを示しています（条件分岐）。いずれの場合も駅に着いた後は「電車に乗車」して会社に向かうので、制御フローが「駅から電車に乗車」の上で合流していることがわかります。

図 4-13 順次の例　　図 4-14 条件分岐の例

例題 4-1 絶対値

絶対値を求めるプログラムを作成しなさい。絶対値は以下で定義するものとする。変数の型は int 型とする。

$$|a| = \begin{cases} a & (a \geqq 0) \\ -a & (a < 0) \end{cases}$$

〔アルゴリズム〕

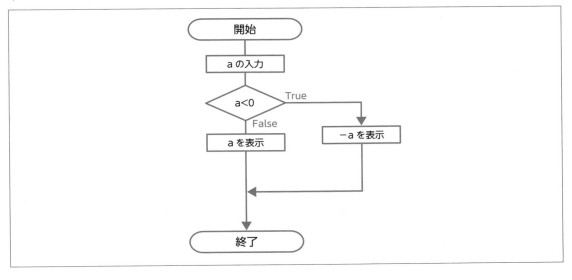

〔プログラム〕

```
 1  class Abs {
 2      public static void main(String[] args) {
 3
 4          java.util.Scanner s = new java.util.Scanner(System.in);
 5          int b = s.nextInt();
 6          if (b < 0)
 7              System.out.println("絶対値：" + (-b));
 8          else
 9              System.out.println("絶対値：" + b);
10      }
11  }
```

6行目から9行目で if-else 文を用いています。「＜条件式＞」は、「b ＜ 0」とし、変数の値が負の場合と非負（0以上）の場合を判断しています。

〔実行結果〕

－5と45を入力した場合、以下のようになります。

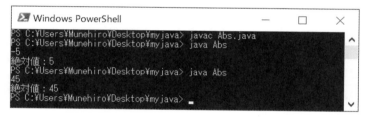

**例題 4-2 最大値と最小値**

東京の平均気温は以下の通りである。

東京の平均気温（℃）

|      | 1月 | 2月 | 3月 | 4月 | 5月 | 6月 | 7月 | 8月 | 9月 | 10月 | 11月 | 12月 |
|------|-----|-----|-----|-----|-----|-----|-----|-----|-----|------|------|------|
| 最高 | 10  | 10  | 13  | 19  | 23  | 26  | 30  | 31  | 27  | 22   | 17   | 12   |
| 最低 | 2   | 2   | 5   | 10  | 15  | 19  | 23  | 24  | 21  | 15   | 9    | 4    |

条件分岐文を用いて、各月の平均気温（最高）の最大値／最小値を求めなさい[1]。

---

1: 各月の平均気温（最低）の最大値／最小値は練習 4-3 で求めます。

〔プログラム〕

```
1  class MaxMin {
2      public static void main(String[] args) {
3          int m1 = 10, m2 = 10, m3 = 13, m4 = 19, m5 = 23, m6 = 26;
4          int m7 = 30, m8 = 31, m9 = 27, m10 = 22, m11 = 17, m12 = 12;
5
6          int max = m1, min = m1;
7
8          if ( m2 > max ) max = m2;
9          if ( m2 < min ) min = m2;
10         if ( m3 > max ) max = m3;
11         if ( m3 < min ) min = m3;
12         if ( m4 > max ) max = m4;
13         if ( m4 < min ) min = m4;
14         if ( m5 > max ) max = m5;
15         if ( m5 < min ) min = m5;
16         if ( m6 > max ) max = m6;
17         if ( m6 < min ) min = m6;
18         if ( m7 > max ) max = m7;
19         if ( m7 < min ) min = m7;
20         if ( m8 > max ) max = m8;
21         if ( m8 < min ) min = m8;
22         if ( m9 > max ) max = m9;
23         if ( m9 < min ) min = m9;
24         if ( m10 > max ) max = m10;
25         if ( m10 < min ) min = m10;
26         if ( m11 > max ) max = m11;
27         if ( m11 < min ) min = m11;
28         if ( m12 > max ) max = m12;
29         if ( m12 < min ) min = m12;
30
31         System.out.println("max= " + max);
32         System.out.println("min= " + min);
33     }
34 }
```

〔実行結果〕

```
PS C:¥Users¥Munehiro¥Desktop¥myjava> javac MaxMin.java
PS C:¥Users¥Munehiro¥Desktop¥myjava> java MaxMin
max= 31
min= 10
PS C:¥Users¥Munehiro¥Desktop¥myjava>
```

　例題 3-1 を参考に、身長 (cm) と体重 (kg) を入力し、標準体重、BMI (肥満指数) を求めるとともに、BMI に基づいて、肥満の程度をメッセージによって警告するようにしなさい。警告のメッセージは、「低体重」(BMI < 18.5)、「普通体重」(18.5 ≦ BMI < 25)、「肥満度 1」(25 ≦ BMI < 30)、「肥満度 2」(30 ≦ BMI < 35)、「肥満度 3」(35 ≦ BMI < 40)、「肥満度 4」(BMI ≧ 40) のいずれかとする。

〔プログラム〕

```
 1  class BMIMessage {
 2      public static void main(String[] args) {
 3          java.util.Scanner s = new java.util.Scanner(System.in);
 4          double h = s.nextDouble() / 100;
 5          double w = s.nextDouble();
 6
 7          double bmi = w / Math.pow( h, 2.0 );
 8          double regW = 22.0 * Math.pow( h, 2.0 );
 9          System.out.println("BMI = " + bmi + ",  標準体重 = " + regW);
10
11          if (bmi < 18.5)
12              System.out.println(" 低体重 ");
13          else if (bmi < 25)
14              System.out.println(" 普通体重 ");
15          else if (bmi < 30)
16              System.out.println(" 肥満度 1");
17          else if (bmi < 35)
18              System.out.println(" 肥満度 2");
19          else if (bmi < 40)
20              System.out.println(" 肥満度 3");
21          else
22              System.out.println(" 肥満度 4");
23      }
24  }
```

　11 行目から 22 行目では、BMI の条件に基づいて、if-else 文がメッセージを切り替えています。

〔実行結果〕

　身長が 171cm、体重が 93kg、50kg の場合はそれぞれ以下のようになります。

例題 4-4　2次方程式の解

2次方程式 $ax^2 + bx + c = 0$ の解を、解の公式を用いて求めなさい。解の公式は以下の通りである。

$$x = \frac{-b \pm \sqrt{b^2 - 4ac}}{2a}$$

判別式 (D) $= b^2 - 4ac$ を求めて、D>0 の場合「2つの解」、D=0 の場合「重解」、D<0 の場合「虚数解」を表示しなさい。

〔アルゴリズム〕

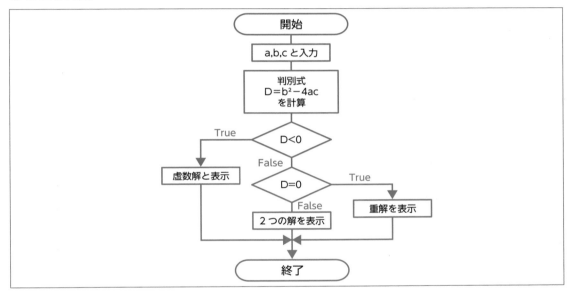

〔プログラム〕

```
1   class Disc {
2       public static void main(String[] args) {
3           java.util.Scanner s = new java.util.Scanner(System.in);
4
5           System.out.println("a^2 + bx + c = 0 の a、b、c を入力 ");
6           int a = s.nextInt();
7           int b = s.nextInt();
8           int c = s.nextInt();
9
10          double d = Math.pow( b, 2.0 ) - 4 * a * c;
11          if ( d < 0 )
12              System.out.println(" 虚数解 ");
13          else if ( d == 0 ) {
14              System.out.println( "x= " + (-b / (2 * a)) );
15              System.out.println(" 重解 ");
```

```
16            }
17        else {
18            System.out.println("x= " + ((- b + Math.sqrt(d)) / (2 * a) ));
19            System.out.println("x= " + ((- b - Math.sqrt(d)) / (2 * a) ));
20        }
21    }
22 }
```

〔実行結果〕

入力された数字が（2, 9, 4）（4, − 4, 1）（2, 2, 8）の場合、以下のようになります。

```
Windows PowerShell                           □     ×

PS C:¥Users¥Munehiro¥Desktop¥myjava> javac Disc.java
PS C:¥Users¥Munehiro¥Desktop¥myjava> java Disc
a^2 + bx + c = 0 の a, b, c を入力
2 9 4
x= -0.5
x= -4.0
PS C:¥Users¥Munehiro¥Desktop¥myjava> java Disc
a^2 + bx + c = 0 の a, b, c を入力
4 -4 1
x= 0
重解
PS C:¥Users¥Munehiro¥Desktop¥myjava> java Disc
a^2 + bx + c = 0 の a, b, c を入力
2 2 8
虚数解
PS C:¥Users¥Munehiro¥Desktop¥myjava>
```

## 練習問題

### 4-1

簡単な英単語を入力し、翻訳した日本語を表示しなさい。

### 4-2

1000 点満点のコンピュータゲームの得点を入力し、0 〜 599 点の場合「もっと努力しよう。」、600 〜 699 点の場合「もう少し頑張ろう。」、700 〜 799 点の場合「よくできました。」、800 〜 1000 点の場合「大変よくできました。」、上記以外の場合「入力ミスです。」と表示しなさい。

### 4-3

例題 4-2 について、東京の各月の平均気温（最低）について最大値と最小値を求めなさい。

# 第5章

# 繰返し文と無条件分岐文

エドガー・ダイクストラによって提唱された構造化プログラミングは、プログラムは、**順次**と**分岐**のほかに、**繰返し**（iteration）を加えた3つの基本構造によって構成できるとされています。

本章では、制御フロー文の残りとして、3つ目の基本構造を表す**繰返し文**を2種類紹介した後、必要に応じて繰返しの制御フローを変更する**無条件分岐文**について触れます。

繰返しの例として、卵を7個食べることを考えます。卵は大きいので一度に1個しか食べることができないとします。この手順を流れ図で表すと図5-1のようになります。

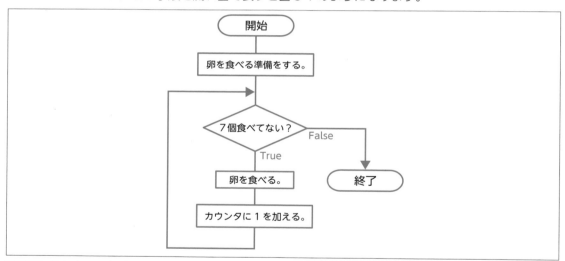

**図5-1** 卵を食べる場合の流れ（1）

ここで、「何個食べたか」を覚えておくために「カウンタ」と呼ばれる変数が必要です。カウンタは**制御変数**（control variable）[1]といい、繰り返す回数を保持します。

さらに、繰返しの処理を示す流れ図は、以下のように流れ図の記号である**ループ端**（ループ始端と

---

1: インデックス（index）ともいう。

ループ終端）を用いて記述することもできます。

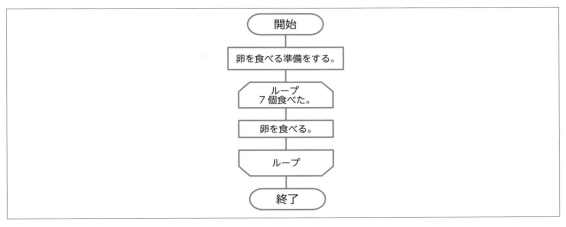

卵を食べる**準備**は制御変数の初期化や、その他の変数の初期化をします。上記の流れ図に示した処理をプログラムとして実行する過程を説明するために、流れ図に番号を付けることにしましょう（図5-2）。

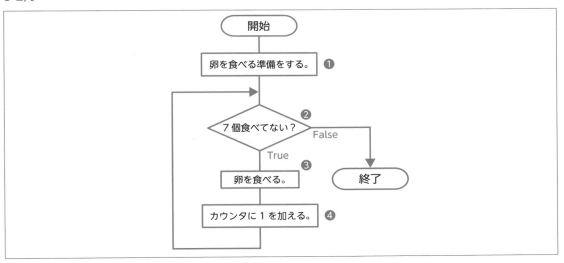

**図 5-2** 卵を食べる場合の流れ（2）

卵を7個食べる処理は、以下のようになります。

| ③処理 卵を食べる | | ① or ④処理 カウンタ | | ②条件判断 7個食べてない？ |
|---|---|---|---|---|
| | | カウンタに0をセット | ⇒ | （0個）True |
| 1個食べる | ⇒ | カウンタを増やす（0 + 1） | ⇒ | （1個）True |
| 1個食べる | ⇒ | カウンタを増やす（1 + 1） | ⇒ | （2個）True |
| 1個食べる | ⇒ | カウンタを増やす（2 + 1） | ⇒ | （3個）True |
| 1個食べる | ⇒ | カウンタを増やす（3 + 1） | ⇒ | （4個）True |
| 1個食べる | ⇒ | カウンタを増やす（4 + 1） | ⇒ | （5個）True |
| 1個食べる | ⇒ | カウンタを増やす（5 + 1） | ⇒ | （6個）True |
| 1個食べる | ⇒ | カウンタを増やす（6 + 1） | ⇒ | （7個）False |

最初に❶で準備をし、❷で判断し、判断結果が True なので❸で卵を食べ、❹でカウンタを 1 増やし、❷で判断をし、判断結果が False なので❸で卵を食べ、❹でカウンタを 1 増やし、... と繰り返します。❸で卵を 7 個食べた後、❹でカウンタを 1 増やし❷で判断をすると、判断結果が False となるので、繰返しは終了します。繰返しを行う中で、毎回❷で判断していることに注意してください。

次に、Java プログラムとして実行するために、int 型の変数「Counter」を定義し、条件判断も「Counter ＜ 7」として流れ図を書き換えると図 5-3 のようになります。

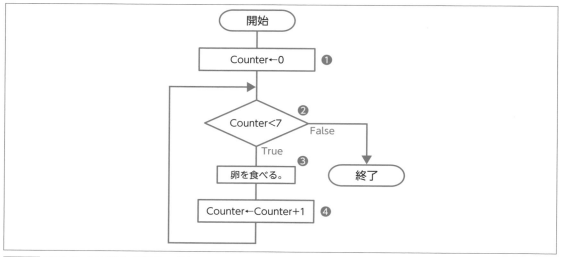

**図 5-3** 卵を食べる場合の流れ（3）

図 5-3 をもとに考えると、卵を 7 個食べる処理は、以下のようになります。

| ③処理<br>卵を食べる | | ① or ④処理<br>Counter | | ②条件判断<br>Counter ＜ 7 |
|---|---|---|---|---|
| | | Counter ← 0 | ⇒ | Counter ＜ 7、Counter は 0、True |
| 1 個食べる | ⇒ | Counter ← Counter + 1 | ⇒ | Counter ＜ 7、Counter は 1、True |
| 1 個食べる | ⇒ | Counter ← Counter + 1 | ⇒ | Counter ＜ 7、Counter は 2、True |
| 1 個食べる | ⇒ | Counter ← Counter + 1 | ⇒ | Counter ＜ 7、Counter は 3、True |
| 1 個食べる | ⇒ | Counter ← Counter + 1 | ⇒ | Counter ＜ 7、Counter は 4、True |
| 1 個食べる | ⇒ | Counter ← Counter + 1 | ⇒ | Counter ＜ 7、Counter は 5、True |
| 1 個食べる | ⇒ | Counter ← Counter + 1 | ⇒ | Counter ＜ 7、Counter は 6、True |
| 1 個食べる | ⇒ | Counter ← Counter + 1 | ⇒ | Counter ＜ 7、Counter は 7、False |

**繰返し文（while 文と do-while 文）**

〔while 文と do-while 文〕

　ある条件を満たしている間実行を繰り返す制御フロー文を **while 文**といい、以下のように記述します。

```
while （ ＜条件式＞ ） ＜文＞
```

　while 文は、「＜条件式＞」が true である間、「＜文＞」を繰り返し実行し、いったん false になると、実行を終了します。

　流れ図で表すと以下のようになります。「＜ブロック＞」と記述したところには、なんらかの処理がくることを意味します。

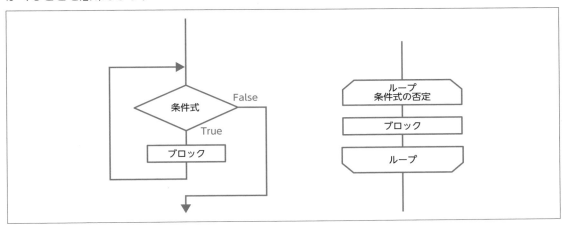

　＜条件式＞を評価した値が true である間、＜ブロック＞を繰り返し実行します。＜条件式＞の値が false になった場合、繰返しを終了し、次の文を実行します。

　流れ図のループ始端を用いる場合は、終了条件を記述するので、＜条件式＞の否定を流れ図に記述することになります。

```java
class WhileStmt {
    public static void main(String[] args) {
        int counter = 0;

        while (counter < 7) {
            System.out.println("卵を " + (counter + 1) + " 個食べる。");
            counter++;
        }
    }
}
```

**図 5-4** while 文の例（ファイル：WhileStmt.java）

**図 5-5** WhileStmt.java のコンパイルと実行

　上記の流れ図の例を「while 文」を用いて記述すると図 5-4 のようになります。while 文は、最初に「＜条件式＞」を実行し「＜文＞」を実行すべきか、毎回チェックします。図 5-4 をコンパイル後実行すると、図 5-5 の結果が得られます。

　この＜条件式＞を、最後に実行し、次の繰返しを行うかどうかチェックするのが、**do-while 文**です。図 5-4 を do-while 文で書き換えたものを、図 5-6 に示します。

```java
class DoWhileStmt {
    public static void main(String[] args) {
        int counter = 0;

        do {
            System.out.println("卵を " + (counter+1) + " 個食べる。");
            counter++;
        } while (counter < 7);
    }
}
```

**図 5-6** do-while 文の例（ファイル：DoWhileStmt.java）

　図 5-6 をコンパイルして実行すると、結果は、図 5-5 と同じになります。while 文と do-while 文の違いは、while 文が一度も＜文＞を実行しない場合があるのに対して、do-while 文は、必ず一度は実行するという点です。

##  前判定と後判定

　while 文のように、繰り返す処理を実行する前に、繰返しを続けるかの判断をする実行方法を**前判定**といいます。一方、do-while 文のように、繰り返す処理を実行した後で、繰返しを続けるかの判断をする実行方法を**後判定**といいます。これらの実行方法を流れ図で表すと、図 5-7 や図 5-8 のようになります。

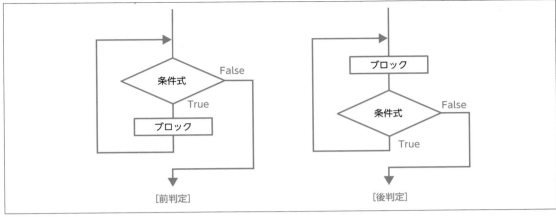

図 5-7 前判定と後判定

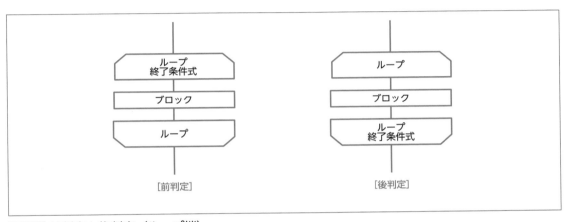

図 5-8 前判定と後判定（ループ端）

　前判定は＜ブロック＞の 0 回以上の繰返し、後判定は＜ブロック＞の 1 回以上の繰返しである
ことがわかります。

##  繰返し文（for 文と無条件分岐）

### 〔for 文〕

　ある範囲の繰返しを簡単に記述するためには、for 文が便利です。for 文は、次のように記述します。

```
for （ ＜初期化式＞ ； ＜条件式＞ ； ＜更新式＞ ） ＜文＞
```

　「＜初期化式＞」の部分は、最初に一度だけ実行するので、多くの場合、繰返しに必要な初期化を
記述します。「＜条件式＞」は、繰返しを行う条件を記述する部分で、繰返しのたびに実行されます。
＜条件式＞の結果が true であるうちは「＜文＞」が実行され、false になると終了します。「＜更
新式＞」は、各繰返しの最後に実行されるので、多くの場合、繰返しに用いる変数を増加させたり、
減少させたりする更新文を記述します。
　for 文を、流れ図を用いて表すと以下のようになります。

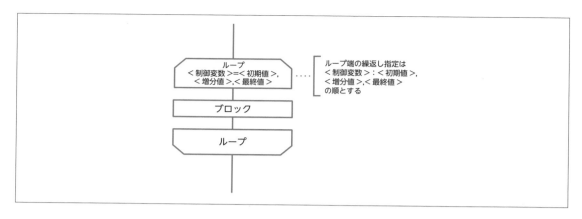

「卵を7個食べる」例を、for文を用いて記述すると、図5-9のようになります。

```
1  class ForStmt {
2      public static void main(String[] args) {
3          for ( int counter = 0; counter < 7; counter++) {
4              System.out.println(" 卵を " + (counter + 1) + " 個食べる。");
5          }
6      }
7  }
```

**図 5-9** for文の例（ファイル：ForStmt.java）

**図 5-10** ForStmt.java のコンパイルと実行

　＜初期化式＞で宣言した変数を参照できる範囲（「字句有効範囲」という）は、＜初期化式＞から＜文＞の終わり（＜文＞に＜ブロック＞を記述した場合は、その終わり）までです。従って、その変数は、＜条件式＞や＜更新式＞でも用いることができます。もし、繰返しに関係する変数をfor文の外で用いないのであれば、初期化式で変数を宣言するほうが、変数の影響範囲を局所化できるので、よい方法です。図5-10は、コンパイル後の実行結果を示しています。

　＜初期化式＞、＜条件式＞、＜更新式＞は、必ず必要というわけではありません。次のように省略してもエラーになりません。

```
for ( ; ; ) { ... }
```

このとき、for文は無限の繰返しになります。

## 無条件分岐文

**無条件分岐文**は、文を実行の途中で終了させたり、繰返しを飛び越したりするために用いる制御フロー文です。break 文と continue 文があります。

〔break 文〕
break 文には、「ラベルなし」と「ラベル付き」があります。「ラベルなし break 文」は、switch 文でも述べたように、実行中の文を終了させます。その他、for、while、do-while の各文でもよく用います。

図 5-11 は、break 文を用いた「100 に最も近い 7 の倍数」を求めるプログラムを示します。

```java
 1  class BreakStmt {
 2      public static void main(String[] args) {
 3          int i;
 4          for (i = 100; i > 0; i--) {
 5              if ( i % 7 == 0 )
 6                  break;
 7          }
 8          System.out.println(i);
 9      }
10  }
```

**図 5-11** break 文の例（ファイル：BreakStmt.java）

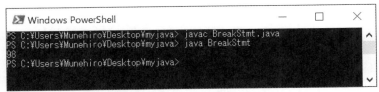

**図 5-12** BreakStmt.java のコンパイルと実行

図 5-12 の実行結果が示すように、for 文は、int 型の変数「i」が「1」になるまで繰り返すことなく、「98」になったところで終了します。

ラベルなし break 文は、最も内側の switch、for、while、do-while 文を終了するだけですが、「ラベル付き break 文」は、ラベルを付けた外側の文を終了することができます。図 5-13 は、変数「s」の値「"meeny"」が、変数「t」の値「"eneymeenyminymore"」のどの位置に最初に現れるか計算するプログラムです。ここで、関数「＜文字列＞.length()」は、＜文字列＞の文字数を返すメソッド呼出しであり、「＜文字列＞.charAt(k)」は、＜文字列＞の k 番目（先頭は 0 番）の文字を返すメソッド呼出しです。

```
1   class BreakLabel {
2       public static void main(String[] args) {
3           String s = "eneymeenyminymore";
4           String t = "meeny";
5
6           search:
7           for ( int i = 0; i < s.length(); i++ )
8               for ( int j = 0; j < t.length(); j++ ) {
9                   if ( s.charAt(i+j) != t.charAt(j) )
10                      break;
11                  if ( j == t.length()-1 ) {
12                      System.out.println(i);
13                      break search;
14                  }
15              }
16      }
17  }
```

図 5-13 ラベル付き break 文の例（ファイル：BreakLabel.java）

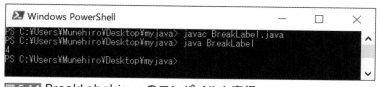

図 5-14 BreakLabel.java のコンパイルと実行

　プログラム中の入れ子になった for 文は、外側の for 文が更新する変数「i」が、文字列「s」上の i 番目の文字から一致を調べることを表し、内側の for 文が更新する変数「j」が、文字列「t」の j 番目までの文字が一致するか調べることを表しています。もし、文字列 t と最後の文字まで一致しないことがあれば、1 つ目の if 文の＜条件式＞s.charAt(i+j)!=t.charAt(j) によって明らかになり、現在の i から始めた一致の検査（内側の for 文）を break 文によって終了します。この後、外側の for 文の先頭に戻るので、変数 i の値が 1 つ増やされ、文字列 s 上の一致の検査は、1 つ右の文字から再開されます。もし、内側の for 文で、文字列 t の最後の文字まで一致が確認できれば、2 つ目の if 文の＜条件式＞j==t.length()-1 によって、ラベル付き break 文 break search; を実行します。ラベル「search」は、外側の for 文にラベル付けされているので、break search; は、外側の for 文を終了させます。

　図 5-14 に実行結果を示します。外側の for 文が終了する直前に、変数 i の値が表示され、文字列 s の 4 文字目以降が、文字列 t と一致することがわかります。

〔continue 文〕

　continue 文は、for 文、while 文、do-while 文の現在の繰返しを省略する制御フロー文です。ラベルなし continue 文は、最も内側の繰返しを省略し、条件式を評価しにいきます。

```java
class ContinueStmt {
    public static void main(String[] args) {
        String s = "eneymeenyminymore";
        int c = 0;

        for ( int i = 0; i < s.length(); i++ ) {
            if ( s.charAt(i) != 'm' ) continue;
            c++;
        }
        System.out.println(c);
    }
}
```

図 5-15 continue 文の例（ファイル：ContinueStmt.java）

Windows PowerShell

```
PS C:¥Users¥Munehiro¥Desktop¥myjava> javac ContinueStmt.java
PS C:¥Users¥Munehiro¥Desktop¥myjava> java ContinueStmt
3
PS C:¥Users¥Munehiro¥Desktop¥myjava>
```

図 5-16 ContinueStmt.java のコンパイルと実行

図 5-15 は、変数「t」の初期値である文字列 `"eneymeenyminymore"` に、'm' が何個現れるか計算するプログラムを表しています。for 文は、「c++」によって変数「c」に文字数を計算していきます。このとき、現在の「i」番目の文字 `s.charAt(i)` が「'm'」でないことが、<条件式>`s.charAt(i) != 'm'` によって明らかになると、continue 文 `continue;` を実行します。continue 文の実行では、c++ を省略するので、最終的に、「m」の数だけが c に計算されます。

図 5-15 をコンパイル後実行すると、図 5-16 に示すように、変数 s の文字列内に、m が 3 個現れることが確認できます。

ラベル付き continue 文は、ラベル付けした繰返し文の現在の繰返しを省略する制御フロー文です。たとえば、図 5-13 の 1 つ目の if 文中の break 文 `break;` をラベル付き continue 文 `continue search;` で置き換えることができます（図 5-17）。

```java
class ContinueLabel {
    public static void main(String[] args) {
        String s = "eneymeenyminymore";
        String t = "meeny";

        search:
        for ( int i = 0; i < s.length(); i++ )
            for ( int j = 0; j < t.length(); j++ ) {
                if ( s.charAt(i+j) != t.charAt(j) )
                    continue search;
                if ( j == t.length()-1 ) {
                   System.out.println(i);
                   break search;
```

```
14                    }
15                }
16            }
17 }
```
**図 5-17** ラベル付き continue 文の例（ファイル：ContinueLabel.java）

「continue search;」は、外側の for 文の現在の繰返しを省略するので、break 文を実行したことと同じになり、結果は、図 5-14 と同じになります。

# ■ アルゴリズム

これまで紹介した Java によるプログラム記述は、なんらかの問題をコンピュータに解決させるために用いることができます。しかしながら、問題を解決する手順は、特定のプログラミング言語でしか記述できないものではありませんし、コンピュータで実行できなければならないものでもありません。単に、問題を解決する手順を曖昧なく記述したものを、「アルゴリズム」といいます。アルゴリズムが抽象的な表現であるのに対して、アルゴリズムを具体化したものがプログラムであるともいえます。一般的には、ある問題を解決するための巧妙な仕掛けを含んだ手順を、アルゴリズムと呼ぶことが多いようです。

正しいアルゴリズムは、次の性質を備えていることが必要です。

**1. いかなる入力に対しても、正しい答えを与える。**
**2. いかなる入力に対しても、有限時間で答えを与える。**

特に、プログラムは、無限の繰返しを容易に記述できてしまうことから、2 番目の性質を満たすとは限らないことに注意してください。以下でアルゴリズムを示す際には、プログラムと区別して、流れ図を用いることにします。

### 例題 5-1　1 から N までの和

キーボードから正の整数値 N を入力し、自然数 1 から N までの和を求めるプログラムを作成しなさい。

〔アルゴリズム〕

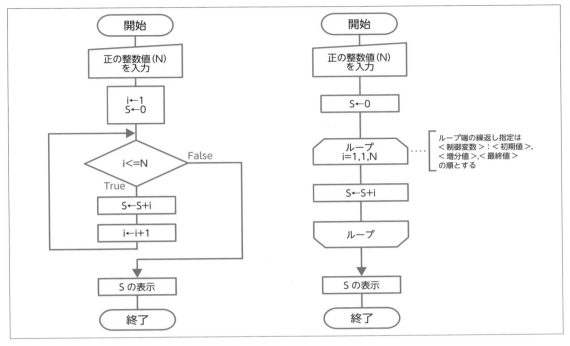

以上のアルゴリズムに従って記述したプログラムが以下となります。

〔プログラム〕（for 文）

```java
class Sum {
    public static void main(String[] args) {
        java.util.Scanner s = new java.util.Scanner( System.in );
        int S = 0;
        int N = s.nextInt();

        for (int i = 1; i <= N; i++)
            S = S + i;

        System.out.println(S);
    }
}
```

7 行目から 8 行目までの for 文によって、変数 S に制御変数 i を足し込む処理を繰り返しています。

〔実行結果〕

10 を入力した場合、以下のようになります。

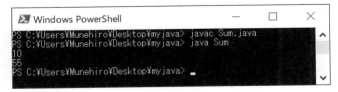

〔プログラム〕（途中経過の表示）

```
1  class Sum {
2      public static void main(String[] args) {
3          java.util.Scanner s = new java.util.Scanner( System.in );
4          int S = 0;
5          int N = s.nextInt();
6
7          for (int i = 1; i <= N; i++) {
8              S = S + i;
9              System.out.println("i= " + i + ", S= " + S);
10         }
11
12         System.out.println(S);
13     }
14 }
```

　途中経過を表示するには、9行目にあるように、for 文の中で、変数「i」と「S」の値を繰り返し表示します。このように、途中経過を表示するようにすれば、さらにプログラムに対する理解が深まります。


〔プログラム〕（while 文）

　while 文を用いて記述すると以下のようになります。

```
1  class SumWhile {
2      public static void main(String[] args) {
3          java.util.Scanner s = new java.util.Scanner( System.in );
4          int i = 1;
5          int S = 0;
6          int N = s.nextInt();
7
8          while (i <= N) {
9              S = S + i;
10             i++;
11         }
12
13         System.out.println(S);
14     }
15 }
```

do-while 文を用いても同様のプログラムを記述することができます。

**例題 5-2 標準体重の表**

例題 3-1 標準体重の計算式「22 ×（身長 ÷ 100)²」を用いて、身長と標準体重の対応を示す表を作成しなさい。身長は 150cm から 190cm までの間で 2.5cm 刻みで表示しなさい。

〔プログラム〕

```
1  class WTable {
2      public static void main(String[] args) {
3          System.out.println(" 身長 (cm)\t 標準体重 (kg)");
4
5          for( double h = 150; h <= 190; h += 2.5 ) {
6              double regW = 22.0 * Math.pow( h / 100, 2.0 );
7              System.out.println( h + "    \t" + regW );
8          }
9      }
10 }
```

for 文を用いると、「＜更新式＞」の場所で、身長を表す変数「h」を増分「2.5」ずつ更新することができます。「h」は、制御変数の役割を果たしていますが、繰り返す回数を表しているわけではないことに注意してください。文字列中の「\t」は、次のタブの位置に合わせることを表しています。

〔実行結果〕

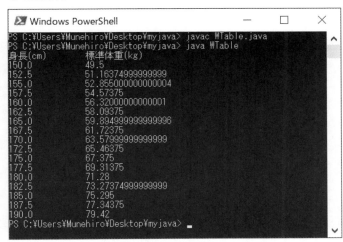

**例題 5-3　フィボナッチ数列**

フィボナッチ数列を表示しなさい。フィボナッチ数列とは、以下の漸化式で示す数列である。

$$\begin{cases} fib(1)=1 \\ fib(2)=1 \\ fib(n)=fib(n-1)+fib(n-2) \qquad (n≧3) \end{cases}$$

n=20 までの値を求める。

〔アルゴリズム〕

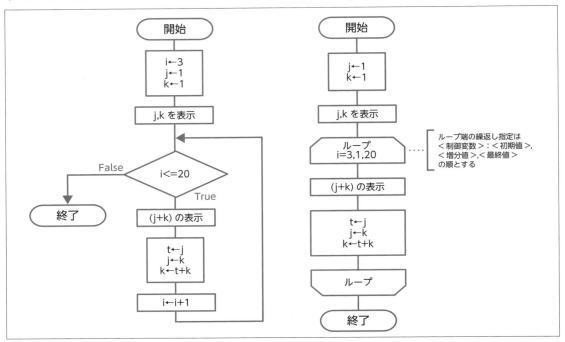

〔プログラム〕

```
1  class Fib {
2      public static void main(String[] args) {
3          int j = 1;
4          int k = 1;
5
6          System.out.println("fib(1)= " + j);
7          System.out.println("fib(2)= " + k);
8          for ( int i = 3; i <= 20; i++ ) {
9              System.out.println("fib(" + i + ")= " + (j+k));
10             int t = j;
11             j = k;
12             k = t + k;
13         }
14     }
15 }
```

「n-2」の値が変数「j」にあり、「n-1」の値が変数「k」にあるとしています。このとき、「n=1」

の値と「n=2」の値は、それぞれ、変数 j、k の初期値に当たるので、最初に表示します。for 文では、繰返しのたびに、「j+k」によって新しい「n」の値を計算します。この n の値は、次の k の値になり、k の値は、次の j の値になるので、j の現在の値を変数「t」に保存しておいて、「j=k」、「k=t+k」を実行します。

〔実行結果〕

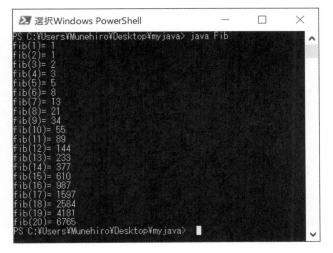

例題 5-4 紙の 2 つ折り

非常に大きな紙があるとして、何度も 2 つ折りにすることを考える[2]。折った紙の厚さが富士山の高さ 3776m を超えるのは何回折ったときか計算しなさい。なお、紙 1 枚の厚さは 0.1mm とし、2 つ折りにするごとに紙の厚さが 2 倍になるものとする。

最初 0.1mm であった紙が、0.2mm、0.4mm、0.8mm と 2 倍になっていく様子を計算します。

0.1mm を 1 として計算すると、3776m は、37760000 になるので整数値として計算します。

表示する際には、static メソッドの String.format(<文字列>, <値>, ..., <値>) を用いて、小数点以下 3 桁の実数で表示します。String.format は、整形した文字列を生成するメソッドで、「<文字列>」には、「%<桁（文字）数><精度><型>」のような「書式指定子」を複数指定することができます。第 2 引数以降の「<値>」は、「書式指定子」の数だけ、対応する順序で指定します。「<型>」は、整数型、浮動小数点型、論理型、文字型、文字列型のそれぞれに対して、「d」、「f」、「b」、「c」、「s」で指定し（大文字でもよい）、「<精度>」は、実数に対して小数点以下の桁数を「.<桁数>」で指定します。

---

2: 実際には 8 回程度しか折れないことが知られています。本問では、永遠に折ることができると仮定します。

〔プログラム〕

```java
 1  class FoldPaper {
 2      public static void main(String[] args) {
 3          int h = 1;
 4          int i = 0;
 5
 6          System.out.println(" 回数 ( 回 )¥t 紙の厚さ (m)");
 7          System.out.println( String.format("%8d¥t%11.3f", i, h / 100.0) );
 8
 9          while ( h < 37760000 ) {
10              h = h * 2;
11              i = i + 1;
12              System.out.println(String.format("%8d¥t%11.3f", i, h / 100.0) );
13          }
14      }
15  }
```

9 行目から 13 行目まで、while 文によって、紙の厚さを計算する処理を記述します。7 行目の System.out.println(String.format("%8d¥t%11.3f", i, h / 100.0)) は、format と同じ呼び出し方で直接表示できる「System.out.printf」を用いて、System.out.printf ("%8d¥t%11.3f", i, h / 100.0) に置き換えることができます。

〔実行結果〕

```
Windows PowerShell                        —    □    ×

PS C:¥Users¥Munehiro¥Desktop¥myjava> javac FoldPaper.java
PS C:¥Users¥Munehiro¥Desktop¥myjava> java FoldPaper
回数(回)       紙の厚さ(m)
       0        0.010
       1        0.020
       2        0.040
       3        0.080
       4        0.160
       5        0.320
       6        0.640
       7        1.280
       8        2.560
       9        5.120
      10       10.240
      11       20.480
      12       40.960
      13       81.920
      14      163.840
      15      327.680
      16      655.360
      17     1310.720
      18     2621.440
      19     5242.880
      20    10485.760
      21    20971.520
      22    41943.040
      23    83886.080
      24   167772.160
      25   335544.320
      26   671088.640
PS C:¥Users¥Munehiro¥Desktop¥myjava>
```

以上のように 26 回折ったところで富士山の高さを超えることがわかります。

## 例題 5-5 標準体重の表（2）

例題 3-1 の標準体重の計算式を用いて、身長、体重から BMI を計算し、肥満度を示す表を作成しなさい。身長は 155cm から 180cm までの間を 2.5cm 刻みで、体重は 50kg から 92kg までの間を 3.5kg 刻みで表示しなさい。

〔プログラム〕

```java
class BMITable {
    public static void main(String[] args) {

        System.out.print("        ");
        for ( int w = 50; w <= 92; w += 3.5 )
            System.out.print(String.format(" %8d ", w));
        System.out.println();
        for ( double h = 155; h <= 180; h += 2.5 ) {
            System.out.print(String.format("%5.1f ", h));
            for ( int w = 50; w <= 92; w += 3.5 ) {
                double bmi = w / Math.pow( h / 100.0, 2.0 );
                if (bmi < 18.5)
                    System.out.print("    低体重 ");
                else if (bmi < 25)
                    System.out.print(" 普通体重 ");
                else if (bmi < 30)
                    System.out.print("   肥満度1 ");
                else if (bmi < 35)
                    System.out.print("   肥満度2 ");
                else if (bmi < 40)
                    System.out.print("   肥満度3 ");
                else
                    System.out.print("   肥満度4 ");
            }
            System.out.println();
        }
    }
}
```

〔実行結果〕

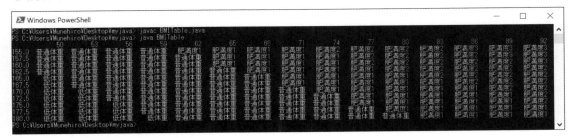

## 練習問題

### 5-1

繰返し文を用いて、以下のように * （アスタリスク）で四角形を表示せよ。

```
*******
*******
*******
*******
*******
*******
*******
```

### 5-2

２重ループを用いて以下のように三角形を表示しなさい。

```
*
**
***
****
*****
******
*******
```

### 5-3

以下のようなひし形を表示せよ。ただし、文字列の先頭は _ （アンダーライン）を用いよ。

```
___*
__***
_*****
*******
_*****
__***
___*
```

### 5-4

文字列 "0123456789" を入力として逆順にした "9876543210" を表示するプログラムを作成しなさい。

# 第 6 章

# 一次元配列

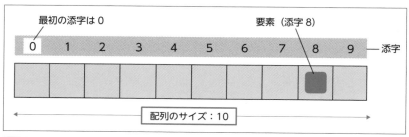

図 6-1 配列の構成と名称

　配列（array）は、同じ型の値を決まった数（以下、配列の**長さ**あるいは**サイズ**という）だけ収納する箱です。配列のサイズは、配列が生成されるときに設定します。いったん、配列が生成されると、サイズは変更できません。配列に収納する値は、**要素**といいます。各要素は、0 から順番に**添字**という番号が付いていて、添字を用いて参照します。たとえば、図 6-1 に示した配列の 9 番目の要素は、添字 8 で参照することができます。

　図 6-2 では、int 型配列「fiveVal」を生成し、5 個の値を要素として代入した後に表示しています。

```
1   class Array {
2       public static void main(String[] args) {
3           int[] fiveVal;
4
5           fiveVal = new int[5];
6           fiveVal[0] = 10;
7           fiveVal[1] = 20;
8           fiveVal[2] = 30;
9           fiveVal[3] = 40;
10          fiveVal[4] = 50;
11
12          System.out.println("fiveVal[0]=" + fiveVal[0]);
13          System.out.println("fiveVal[1]=" + fiveVal[1]);
14          System.out.println("fiveVal[2]=" + fiveVal[2]);
```

```
15              System.out.println("fiveVal[3]=" + fiveVal[3]);
16              System.out.println("fiveVal[4]=" + fiveVal[4]);
17      }
18  }
```

図 6-2 配列の使用例（ファイル：Array.java）

図6-2をコンパイル後実行すると、図6-3に示すように、配列fiveValの各要素として代入した値を、対応する添字で参照できることがわかります。

図 6-3 Array.java のコンパイルと実行

## 配列を格納する変数の宣言

図 6-2 のプログラムでは、int[ ] fiveVal; とあるように、配列を格納する変数（以下「配列変数」という）を次のように宣言しています。

< 型 > [ ] < 変数名 > ;

「< 型 >」は、配列の要素の型を示しており、「[ ]」は、「< 変数名 >」の変数が配列を格納することを示しています。ここで、配列のサイズは型の一部でないことに注意してください。宣言は、実際に配列を生成するわけではなく、この変数が配列を格納することを示しています。配列変数は、「[ ]」を最後に置いて、次のように宣言することもできます。

< 型名 > < 変数名 >[ ] ;

その他の配列変数の宣言には、次のようなものがあります。

| 型名 | 変数名 |
|---|---|
| byte[] | byteArray; |
| short[] | shortArray; |
| long[] | longArray; |
| float[] | floatArray; |
| double[] | doubleArray; |
| boolean[] | booleanArray; |
| char[] | charArray; |
| String[] | stringArray; |

## 配列の生成、初期化、要素の参照

実際に配列を生成するためには、図 6-2 の `new int[5]` のように、new 演算子を用いる方法があります。

```
new < 型 > [ < サイズ > ] ;
```

「< サイズ >」には、配列のサイズを指定します。
`fiveVal[0] = 10;` から `fiveVal[4] = 50;` までは、特定の添字 0 から 4 で指定した箇所へ要素を代入することを表しています。System.out.println の引数に現れる `fiveVal[0]` から `fiveVal[4]` は、添字 0 から 4 の要素を参照することを表しています。いずれも、以下のように配列名に添字を付加して記述します。

```
< 配列名 > [ < 添字 > ]
```

配列の生成と要素の初期化は、以下のように、まとめて記述することもできます。

```
int [] fiveVal = { 10, 20, 30, 40, 50 } ;
```

初期値になる要素は、「{」と「}」の間に、カンマ「,」で区切って並べます。配列のサイズは、指定した要素の数で決まります。
「< 添字 >」には、定数だけでなく、変数や式を記述することができるので、for 文を用いて、図 6-2 を図 6-4 のようにより短く記述することができます。

```java
1   class ArraySimple {
2       public static void main(String[] args) {
3           int[] fiveVal = {10, 20, 30, 40, 50};
4
5           for (int i = 0; i < 5; i++)
6               System.out.println("fiveVal[" + i + "]=" + fiveVal[i]);
7       }
8   }
```

図 6-4 for 文を用いた配列要素の参照

図 6-4 をコンパイル後実行すると、図 6-5 に示すように、図 6-3 と同じ結果が得られます。

図 6-5 ArraySimple.java のコンパイルと実行

## 配列のサイズ

　各配列は、配列オブジェクトに属する変数「length」に、配列のサイズを格納しています。配列のサイズを知りたいときは、次のように「length」を参照します。

```
< 配列 >.length
```

　「文字列」も、よく似た方法で、「文字数」を知ることができたことを思い出してください。文字列の場合は、メソッド呼出し「< 文字列 >.length()」であったことに注意してください。図 6-6 は、配列と文字列におけるサイズの扱いを示しています。どちらも、似たような方法で、図 6-7 の結果を生じますが、両者の違いに注目してください。

```java
class Length {
    public static void main(String[] args) {
        char[] anArray = { 's', 'a', 'k', 'u', 'r', 'a' };
        String aString = "saku";

        for (int i = 0; i < anArray.length; i++)
            System.out.print(anArray[i]);

        System.out.println();

        for (int i = 0; i < aString.length(); i++)
            System.out.print(aString.charAt(i));
    }
}
```

**図 6-6** 配列のサイズと文字列のサイズ（ファイル：Length.java）

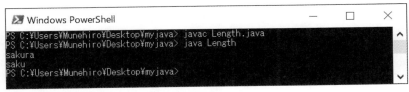

**図 6-7** Length.java のコンパイルと実行

### 例題 6-1 平均気温

　例題 4-2 平均気温で示した東京の気温データを用いて、各月の平均気温（最高／最低）の平均を求めなさい。さらに、各月の平均気温（最高／最低）の最大値と最小値を求めよ。

〔プログラム〕

```
1   class MaxMinAvg {
2       public static void main(String[] args) {
3           int[] highest = { 10, 10, 13, 19, 23, 26, 30, 31, 27, 22, 17, 12 };
4           int[] lowest  = {  2,  2,  5, 10, 15, 19, 23, 24, 21, 15,  9,  4 };
5           int sumh = 0, suml = 0;
6
7           for (int i = 0; i < 12; i++ ) {
8               sumh += highest[i];
9               suml += lowest[i];
10          }
11          System.out.println( "最高気温の平均:" + (sumh / 12) );
12          System.out.println( "最低気温の平均:" + (suml / 12) );
13
14          int maxh = highest[0], minh = highest[0];
15          int maxl = lowest[0], minl = lowest[0];
16
17          for (int i = 1; i < 12; i++) {
18              if ( maxh < highest[i] ) maxh = highest[i];
19              if ( minh > highest[i] ) minh = highest[i];
20              if ( maxl < lowest[i] ) maxl = lowest[i];
21              if ( minl > lowest[i] ) minl = lowest[i];
22          }
23          System.out.println("最高気温の最高値:" + maxh + "、最低値:" + minh);
24          System.out.println("最低気温の最高値:" + maxl + "、最低値:" + minl);
25      }
26  }
```

〔実行結果〕

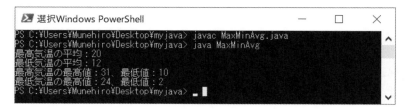

**例題 6-2 フィボナッチ数列（2）**

例題 5-3 で説明したフィボナッチ数列を、配列を用いて計算し表示しなさい。n=20 まで求めなさい。

092

〔アルゴリズム〕

配列を用いる場合は、以下の流れ図となります。

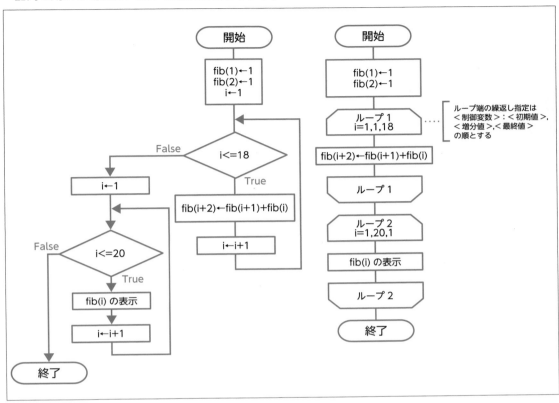

〔プログラム〕

```java
class FibArray {
    public static void main(String[] args) {

        int n = 20;
        int fib[] = new int[n];

        fib[0] = 1;
        fib[1] = 1;
        for( int i = 2; i < n; i++ ) {
            fib[i] = fib[i-1] + fib[i-2];
        }

        for ( int i = 0; i < n; i++)
            System.out.println("fib(" + (i + 1) + ")= " + fib[i]);
    }
}
```

for 文を用いて、フィボナッチ数を計算し、配列「fib」に格納しています。過去に計算した値が配列に保存されているので、漸化式に似た形式 fib[i] = fib[i-1] + fib[i-2] で記述すること

ができます。このとき、「fib(20)」までの数列を求めるのであれば、少なくともサイズ「20」の配列が必要です。また、Javaの配列は、添字「0」から始まるので、「fib[i]」は「fib[i+1]」を表していることに注意してください。

〔実行結果〕

```
Windows PowerShell                                    —    □    ×
PS C:¥Users¥Munehiro¥Desktop¥myjava> javac FibArray.java
PS C:¥Users¥Munehiro¥Desktop¥myjava> java FibArray
fib(1)= 1
fib(2)= 1
fib(3)= 2
fib(4)= 3
fib(5)= 5
fib(6)= 8
fib(7)= 13
fib(8)= 21
fib(9)= 34
fib(10)= 55
fib(11)= 89
fib(12)= 144
fib(13)= 233
fib(14)= 377
fib(15)= 610
fib(16)= 987
fib(17)= 1597
fib(18)= 2584
fib(19)= 4181
fib(20)= 6765
PS C:¥Users¥Munehiro¥Desktop¥myjava>
```

**例題** 6-3 成績処理（偏差値）

20 人の学生の英語の試験の点数が以下のようであった。各学生の偏差値を求めなさい。

| 氏名 | 英語 |
|------|------|
| 赤井 | 64 |
| 安藤 | 82 |
| 青山 | 98 |
| 有吉 | 76 |
| 浅井 | 83 |
| 浅野 | 63 |
| 浅岡 | 73 |
| 千葉 | 9 |
| 江口 | 88 |
| 遠藤 | 94 |
| 藤井 | 39 |
| 藤木 | 45 |
| 藤原 | 21 |
| 福永 | 58 |
| 船橋 | 99 |
| 古川 | 17 |
| 二村 | 82 |
| 花井 | 38 |
| 原田 | 88 |
| 橋本 | 100 |

〔偏差値の求め方〕

n 人の各学生の点を $x_i$ とする。平均 $(\bar{x})$ と標準偏差 $(\sigma)$ は以下のように表すことができる。

$$\bar{x} = \frac{\sum_{i=1}^{n} x_i}{n}$$

$$\sigma = \sqrt{\frac{\sum_{i=1}^{n}(x_i - \bar{x})^2}{n}}$$

各学生の偏差値 $(o_i)$ は、以下のようになる。

$$o_i = 50 + \frac{x_i - \bar{x}}{\sigma} \times 10$$

```
 1  class Dev {
 2      public static void main(String[] args) {
 3
 4          String[] name = { "赤井", "安藤", "青山", "有吉", "浅井", "浅野",
 5                            "浅岡", "千葉", "江口", "遠藤", "藤井", "藤木",
 6                            "藤原", "福永", "船橋", "古川", "二村", "花井",
 7                            "原田", "橋本" };
 8          int[] point =    { 64, 82, 98, 76, 83, 63,
 9                             73, 9, 88, 94, 39, 45,
10                             21, 58, 99, 17, 82, 38,
11                             88, 100 };
12          double[] dev = new double[20];
13
14          int sum = 0;
15          for ( int i = 0; i < 20; i++ )
16              sum += point[i];
17
18          double avg = sum / 20;
19
20          double ss = 0;
21          for ( int i = 0; i < 20; i++ )
22              ss += Math.pow(point[i] - avg, 2.0);
23
24          double stdDev = Math.sqrt( ss / 20 );
25          for ( int i = 0; i < 20; i++ )
26              dev[i] = 50 + (point[i] - avg) / stdDev * 10;
27
28          System.out.println(" 氏名 英語 偏差値 ");
29          for ( int i = 0; i < 20; i++)
30          System.out.println(name[i] + " " + String.format("%4d", point[i])
31              + " " + String.format("%6.1f", dev[i]));
32      }
33  }
```

14 行目から 16 行目で int 型変数「sum」に学生の得点の合計を求め、18 行目で double 型変数「avg」に平均点を求めます。同様に、20 行目から 22 行目で double 型変数「ss」に各学生の得点と平均との差の 2 乗を合計しています。24 行目で標準偏差を求め、25 行目から 26 行目で各学生の偏差値を求めています。

〔実行結果〕

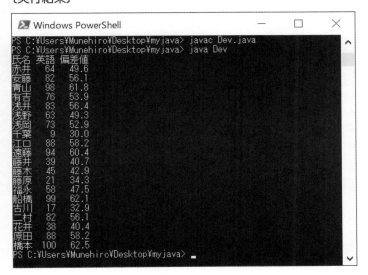

## 練習問題

### 6-1

例題 4-2 の最大値と最小値と同様の処理を、繰返し文を用いて記述しなさい。

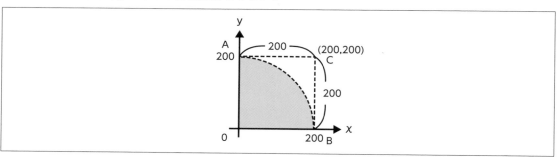

## 第 **7** 章

# 応用問題

本章では、いくつかのアルゴリズムを紹介し、Java を用いてどのようにプログラムにすればよいか説明します。

**例題** 7-1 π の計算（モンテカルロ法）

モンテカルロ法を用いて π の値を計算しなさい。

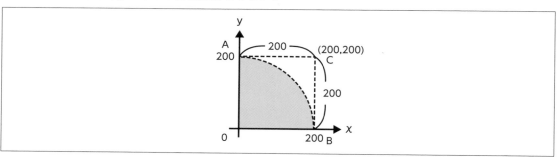

まず、四角形 OABC（面積：200 × 200）の中にランダムに点を打つことを考えます。扇形 OAB（半径：200 の $\frac{1}{4}$ 円）に入る点（扇形の輪郭を含まない[1]）を数えます。たとえば、四角形の中に 20000 個の点をランダムに打ったとし、扇形の中に x 個の点があるとすると四角形と扇型の面積比が 20000：x となるので、以下の式が成立します。

$$40000 : 10000\pi = 20000 : x$$

従って、π の値は

---

1: 半径 200 とした場合の $\frac{1}{4}$ 円の輪郭を含まないとする（図は半径 200（0 ～ 199）の $\frac{1}{4}$ 円）。

$$\pi = \frac{4x}{2000}$$

と近似することができます。ランダムに点を打つことをプログラムで模擬的に行うことで、πの近似を求めることができます。なお、この実行結果は実行するたびに異なります。

　そして、java.util.Random クラスのインスタンスメソッド nextInt(< 生成する整数の範囲 >) を用いると、特定の範囲のランダムな整数を生成できます。

〔アルゴリズム〕

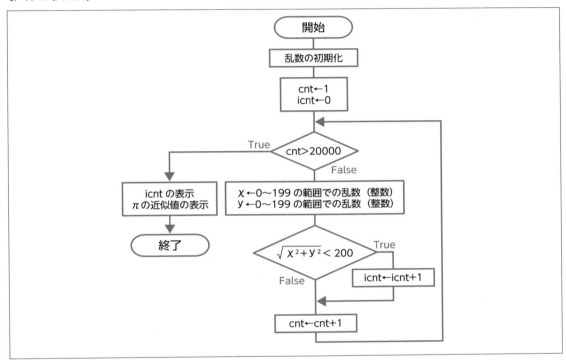

〔プログラム〕

```
1   class MonteCarlo {
2       public static void main(String[] args) {
3
4           java.util.Random rx = new java.util.Random();
5           java.util.Random ry = new java.util.Random();
6           int icnt = 0, d = 20000;
7
8           for (int cnt = 1; cnt <= d; cnt++) {
9               int x = rx.nextInt(200);
10              int y = ry.nextInt(200);
11              double z = Math.sqrt( Math.pow(x,2) + Math.pow(y,2) );
12              if (z < 200) icnt++;
13          }
```

```
14          System.out.println("The number of points = " + icnt);
15          System.out.println("PI = " + (double)icnt / d * 4);
16      }
17  }
```

〔実行結果〕

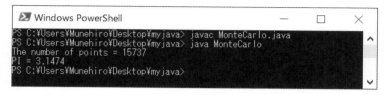

### 例題 7-2 ニュートン法

ニュートン法を用いて $\sqrt{2}$ の近似値を求めなさい。

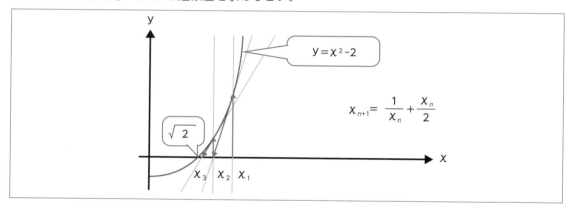

　y=x² − 2 のグラフの x 切片が（$\sqrt{2}$, 0）となるので、上図のように、適当な点 ($x_1$ ,0) から開始し、下記の漸化式に従って、$x_n$ を求めれば、$\sqrt{2}$ に近づきます[2]。

$$x_{n+1} = \frac{1}{x_n} + \frac{x_n}{2}$$

---

2:　漸化式は、高校数学の範囲で求めることができますが、本書では証明を省略します。

〔アルゴリズム〕

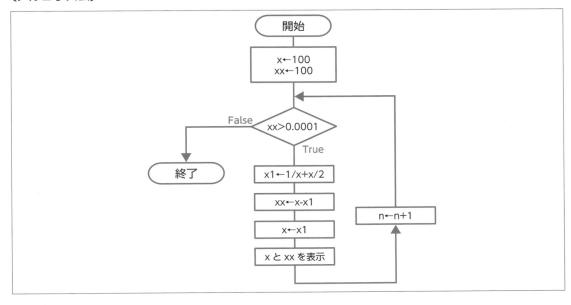

〔プログラム〕

```
1   class Newton {
2       public static void main(String[] args) {
3           double x = 100.0, xx = 100.0, x1;
4
5           while (xx > 0.0001) {
6               x1 = 1 / x + x / 2;
7               xx = x - x1;
8               x = x1;
9               System.out.println("Sqrt(2) = " + x + ", Delta = " + xx);
10          }
11      }
12  }
```

〔実行結果〕

**例題 7-3 並び替え（バブルソート）**

次の数字の並びを昇順にしなさい。

87　90　56　98　23

第1要素（87）から順に、2つずつ第1要素と第2要素を比べ、「第1要素＞第2要素」になっていれば交換し、第2要素と第3要素を比べ、「第2要素＞第3要素」になっていれば交換し、という処理を繰り返します。1通り、比較、交換が済んだときどうなっているのでしょう。

以下、実際にやってみます。

87と90を比べ、87＜90であるので、そのままにします。

87　90　56　98　23

次に、90と56を比べて90＞56であるので、交換します。

87　56　90　98　23

90と98を比べ、90＜98であるので、そのままにします。

87　56　90　98　23

98と23を比べ、98＞23であるので交換します。

87　56　90　23　98

以上で1通り終わりました。結果として、一番大きな数が一番右側に配置されます。
もう1通り実行してみましょう。
87と56を比べ、87＞56であるので、交換します。

56　87　90　23　98

87と90を比べ、87＜90であるので、そのままにします。

56　87　90　23　98

90と23を比べ、90＞23であるので、交換します。

56　87　23　90　98

90と98を比べ、90＜98であるので、そのままにします。
以上で2通り終わりました。結果として、2番目に大きな数が右から2番目に配置されます。
このように考えると、「要素数－1」通り以上の手続きを繰り返し実行すると昇順に並ぶことがわかります。このような並び替え（sort、「整列」）方法をバブルソート（bubble sort）といいます。
次に、以下のように int 型配列「arr」の要素の個数が N 個とすると、

| | (0) | (1) | (2) | ... | (N-1) |
|---|---|---|---|---|---|
| arr | | | | | |

arr(0) と arr(1) を比べ、arr(0) > arr(1) の場合交換します。次に、arr(1) と arr(2) を比べ、arr(1) > arr(2) の場合交換します。以上の処理を arr(N-2) と arr(N-1) を比べるまで繰り返します。1 通り終わると、以下のように arr(N-1) に一番大きな値が入ります。

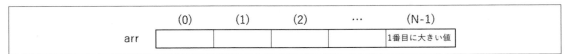

さらに、もう 1 通り処理をすると、arr(N-2) に 2 番目に大きな値が入ります。

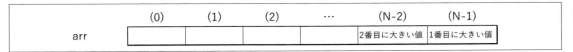

同様に 3 通り目の処理をすると、arr(N-3) に 3 番目に大きな値が入ります。

| | (0) | (1) | (2) | ... | (N-3) | (N-2) | (N-1) |
|---|---|---|---|---|---|---|---|
| arr | | | | | 3番目に大きい値 | 2番目に大きい値 | 1番目に大きい値 |

最終的に N-1 回処理を繰り返すことによって、右から順に（N-1）個の値が入り、結果として昇順に並び変わることがわかります。

〔アルゴリズム〕

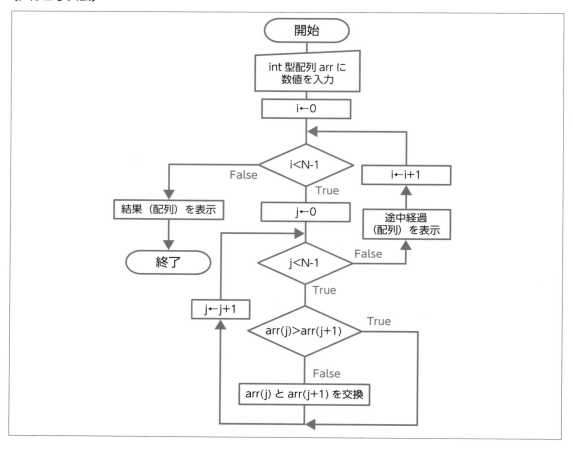

〔プログラム〕

```
1   class Bubble {
2       public static void main (String[] args) {
3           int[] arr = { 87, 90, 56, 98, 23 };
4           int t;
5
6           for (int i = 0; i < arr.length - 1; i++) {
7               for (int j = 0; j < arr.length - 1; j++) {
8                   if (arr[j] > arr[j + 1]) {
9                       t = arr[j];
10                      arr[j] = arr[j + 1];
11                      arr[j + 1] = t;
12                  }
13              }
14
15              for (int j = 0; j < arr.length; j++)
16                  System.out.print(arr[j] + " ");
17              System.out.print("\n");
18          }
```

```
19
20          for (int j = 0; j < arr.length; j++)
21              System.out.print(arr[j] + " ");
22
23      }
24  }
```

〔実行結果〕

```
Windows PowerShell                        —    □    ×
PS C:¥Users¥Munehiro¥Desktop¥myjava> javac Bubble.java
PS C:¥Users¥Munehiro¥Desktop¥myjava> java Bubble
87 56 90 23 98
56 87 23 90 98
56 23 87 90 98
23 56 87 90 98
23 56 87 90 98
PS C:¥Users¥Munehiro¥Desktop¥myjava> _
```

**例題 7-4 逆ポーランド記法**

通常形式（「中置記法」という）で表された式を逆ポーランド記法[3]に変換するプログラムを考える。たとえば、

- 入力：A=B+C*(D+E)
- 出力：ABCDE+*+=

のように変換する（A、B、C、D、E は変数とする）。逆ポーランド記法に変換することによって、演算子や括弧の優先順位を考慮せずに、計算できるようになる。

オペランドは、簡単のために演算子以外の 1 文字とする。演算子は、'='、'+'、'-'、'*'、'/' の 5 種類とし、括弧 '('、')' や、入力の最後を意味する '$'、スタックの底を意味する '^' も演算子として扱う。演算子の優先順位は、オペランド ＞ ('*' = '/') ＞ ('+' = '-') ＞ ( '(' = ')' ) ＞ ' = ' ＞ ( '^' = '$' ) とする。

〔アルゴリズム〕

変数および記号（演算子および括弧）からなる入力（$X_i$）、逆ポーランド記法に変換後の出力（$Z_i$）、変換の際に用いるスタック[4]（$Y_i$）を定義します。

---

3: ポーランド記法とは「1 + 2」を「+ 12」というように、演算子「+」を被演算子「1」「2」の前に置くものです。一方、逆ポーランド記法とは、ポーランド記法とは演算子と被演算子の順序が逆になるもので、上記の例では「12 +」と記述されます。そして逆ポーランド記法で「3 +（2 × 4）」は「324 ×+」となり、（ ）を使わずに記述できるため、コンピュータが理解しやすい記述方法といえます。

4: スタックとは、後に入れたものが先に出てくるようになっているものです。

スタック

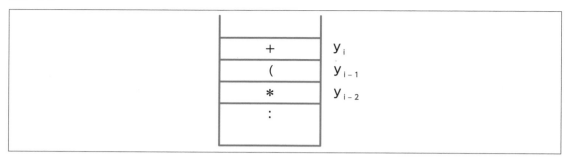

入力：$X_i$

優先順位（オペランドを 0 としている）

| オペランド（1 文字記号） | 0 |
|---|---|
| * / | -1 |
| + - | -2 |
| = | -3 |
| ( ) | -4 |
| ^ $ | -5 |

出力：$Z_i$

に関する処理

1. 優先順位が、$X_i \leqq Y_j$ のとき、演算子 $Y_j$ をスタックからポップ[5]して $Z_k$ に出力する。その後の $X_i$ と $Y_j$ についても同様の処理を繰り返す。最終的に、$X_i > Y_j$ になったら、演算子 $X_i$ をスタックへプッシュ[6]する。
2. 入力 $X_i$ が左括弧（'('）のとき、そのままスタック $Y_i$ にプッシュする。
3. 入力 $X_i$ が右括弧（')'）のとき、以下の手順に従う。

   （ア）スタック $Y_j$ が左括弧なら、入力 $X_i$ とスタック $Y_j$ を消去し、次の入力処理へ進む。

   （イ）スタック $Y_j$ が左括弧以外なら、スタック $Y_j$ をポップし $Z_k$ に出力し、次の $Y_{j-1}$ を $Y_j$ として（ア）または、（イ）を繰り返す。
4. 入力 $X_i$ が終了のとき、スタックに残った演算子を $Z_k$ に出力する。

〔プログラム〕

```
1   class RPN {
2       public static void main (String[] args) {
3           int[] level = new int[256];
4           // level[ オペランド ] = 配列の初期値 0
5           level['*'] = -1;
```

---

5: ポップとは、スタックからデータを取り出すことです。

6: プッシュとは、スタックにデータを入れることです。

```
 6          level['/'] = -1;
 7          level['+'] = -2;
 8          level['-'] = -2;
 9          level['='] = -3;
10          level['('] = -4;
11          level[')'] = -4;
12          level['$'] = -5;
13          level['^'] = -5;
14
15          char[] x =
16          { 'A', '=', 'B', '+', 'C', '*', '(', 'D', '+', 'E', ')', '$' };
17          int i = 0;
18          char[] y = new char[100];
19          int j = 0;
20          y[0] = '^';
21
22          while(x[i] != '$') {
23              switch (x[i]) {
24              case '(': y[++j] = x[i]; break;
25              case ')':
26                  while (y[j] != '(')
27                      System.out.print(y[j--] + " ");
28                  j--; break;
29              default:
30                  while (level[y[j]] >= level[x[i]])
31                      System.out.print(y[j--] + " ");
32                  y[++j] = x[i];
33              }
34              i++;
35          }
36          while (y[j] != '^')
37              System.out.print(y[j--] + " ");
38      }
39 }
```

〔実行結果〕

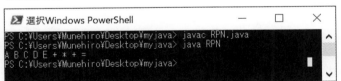

# 練習問題略解

## 第 1 章

### 練習問題 1-1

例題 1-2 を参考に、プログラム中に■を配置していきましょう。

## 第 2 章

### 練習問題 2-1

〔プログラム〕

```
// 金種の計算

class Ex2_1 {
    public static void main (String[] args) {
        int amount = 238_453;

        int ten_thousand = amount / 10000;
        amount = amount % 10000;
        int five_thousand = amount / 5000;
        amount = amount % 5000;
        int two_thousand = amount / 2000;
        amount = amount % 2000;
        int thousand = amount / 1000;
        amount = amount % 1000;
        int five_hundred = amount / 500;
        amount = amount % 500;
        int hundred = amount / 100;
        amount = amount % 100;
        int fifty = amount / 50;
```

```
        amount = amount % 50;
        int ten = amount / 10;
        amount = amount % 10;
        int five = amount / 5;
        int one = amount % 5;

        System.out.println("10000 円札は " + ten_thousand + " 枚です。");
        System.out.println(" 5000 円札は " + five_thousand + " 枚です。");
        System.out.println(" 2000 円札は " + two_thousand + " 枚です。");
        System.out.println(" 1000 円札は " + thousand + " 枚です。");
        System.out.println("  500 円玉は " + five_hundred + " 枚です。");
        System.out.println("  100 円玉は " + hundred + " 枚です。");
        System.out.println("   50 円玉は " + fifty + " 枚です。");
        System.out.println("   10 円玉は " + ten + " 枚です。");
        System.out.println("    5 円玉は " + five + " 枚です。");
        System.out.println("    1 円玉は " + one + " 枚です。");
    }
}
```

〔実行結果〕

238453 円のとき、実行結果は次のようになります。

## 練習問題 2-2

〔プログラム〕

```
// 何時間何分何秒の計算

class Ex2_2 {
    public static void main(String[] args) {
        int time = 31415;
        int hour = 60*60, minute = 60;

        int time_s = time;
        int hours = time / hour;
        time = time % hour;
```

```
            int minutes = time / minute;
            int seconds = time % minute;

            System.out.println(time_s + " 秒は, " + hours + " 時間, " +
                    minutes + " 分, " + seconds + " 秒です。");
    }
}
```

〔実行結果〕

31415 秒のとき、実行結果は次のようになります。

## 練習問題 2-3

〔プログラム〕

```
// 円周, 円面積, 球表面積, 球体積の計算

class Ex2_3 {
    public static void main(String[] args) {
        double r = 10.0;
        double pi = 3.14;

        double C = 2*pi*r;
        double A = pi*r*r;
        double S = 4*pi*r*r;
        double V = (4*pi*r*r*r)/3;
        System.out.println(" 半径 " + r + " の円周は, " + C + " です。");
        System.out.println(" 半径 " + r + " の円の面積は, " + A + " です。");
        System.out.println(" 半径 " + r + " の球の表面積は, " + S + " です。");
        System.out.println(" 半径 " + r + " の球の体積は, " + V + " です。");
    }
}
```

〔実行結果〕

半径 10.0 のとき、実行結果は次のようになります。

```
Windows PowerShell                          —    □    ×
PS C:¥Users¥Munehiro¥Desktop¥myjava> javac Ex2_3.java
PS C:¥Users¥Munehiro¥Desktop¥myjava> java Ex2_3
半径 10.0 の円周は, 62.800000000000004 です。
半径 10.0 の円の面積は, 314.0 です。
半径 10.0 の球の表面積は, 1256.0 です。
半径 10.0 の球の体積は, 4186.666666666667 です。
PS C:¥Users¥Munehiro¥Desktop¥myjava> _
```

# 第 3 章

## 練習問題 3-1

〔プログラム〕

```java
//  何時間何分何秒の計算 2

class Ex3_1 {
    public static void main(String[] args) {

        int hour = 60*60, minute = 60;

        java.util.Scanner s = new java.util.Scanner(System.in);
        int time = s.nextInt();

        int time_s = time;
        int hours = time / hour;
        time = time % hour;
        int minutes = time / minute;
        int seconds = time % minute;

        System.out.println(time_s + " 秒は, " + hours + " 時間, " +
                minutes + " 分, " + seconds + " 秒です。");
    }
}
```

〔実行結果〕

12345 秒のとき、実行結果は次のようになります。

```
PS C:\Users\Munehiro\Desktop\myjava> javac Ex3_1.java
PS C:\Users\Munehiro\Desktop\myjava> java Ex3_T
12345
12345 秒は, 3 時間, 25 分, 45 秒です。
PS C:\Users\Munehiro\Desktop\myjava>
```

# 第 4 章

## 練習問題 4-1

〔プログラム〕

```
// 四角形

class Ex4_1 {
    public static void main(String[] args) {

    System.out.print(" 英単語を入力 : ");
    java.util.Scanner s = new java.util.Scanner(System.in);
    String word = s.next();

    String jword = null;
    switch (word) {
        case "apple": jword = " りんご "; break;
        case "orange": jword = " みかん "; break;
        case "piano": jword = " ピアノ "; break;
        case "guiter": jword = " ギター "; break;
        case "pen": jword = " ペン "; break;
        case "pencil": jword = " 鉛筆 "; break;
        default : jword = " 分からない ";
    }

    System.out.println(word + " は, 日本語で " + jword + " です。");
    }
}
```

〔実行結果〕

```
Windows PowerShell                              —    □    ×
PS C:\Users\Munehiro\Desktop\myjava> javac Ex4_1.java
PS C:\Users\Munehiro\Desktop\myjava> java Ex4_T
英単語を入力：apple
appleは，日本語で りんご です。
PS C:\Users\Munehiro\Desktop\myjava>
```

## 練習問題 4-2

〔プログラム〕

```java
// コンピュータゲームの得点

class Ex4_2 {
    public static void main(String[] args) {

    System.out.print(" 得点を入力：");
    java.util.Scanner s = new java.util.Scanner(System.in);
    int score = s.nextInt();

    if(score < 0) {
        System.out.println(" 入力ミスです。");
    } else if (score < 600) {
        System.out.println(" もっと努力しよう。");
    } else if (score < 700) {
        System.out.println(" もう少し頑張ろう。");
    } else if (score < 800) {
        System.out.println(" よくできました。");
    } else if (score <= 1000) {
        System.out.println(" 大変よくできました。");
    } else {
        System.out.println(" 入力ミスです。\n");
    }
    }
}
```

〔実行結果〕

777 点のとき、実行結果は次のようになります。

```
Windows PowerShell                              —    □    ×
PS C:\Users\Munehiro\Desktop\myjava> javac Ex4_2.java
PS C:\Users\Munehiro\Desktop\myjava> java Ex4_2
得点を入力：777
よくできました。
PS C:\Users\Munehiro\Desktop\myjava>
```

## 練習問題 4-3

〔プログラム〕

```java
// 最大値と最小値を求める

class Ex4_3 {
    public static void main(String[] args) {
    int jan_l=2,  feb_l=2,  mar_l=5,   apr_l=10, may_l= 15, jun_l=19;
    int jul_l=23, aug_l=24, sep_l=21, oct_l=15, nov_l= 9,  dec_l=4;
    int max = jan_l;
    int min = jan_l;

    if (feb_l > max) { max = feb_l; }
    else if (feb_l < min ) { min = feb_l; }
    if (mar_l > max) { max = mar_l; }
    else if (mar_l < min ) { min = mar_l; }
    if (apr_l > max) { max = apr_l; }
    else if (apr_l < min ) { min = apr_l; }
    if (may_l > max) { max = may_l; }
    else if (may_l < min ) { min = may_l; }
    if (jun_l > max) { max = jun_l; }
    else if (jun_l < min ) { min = jun_l; }
    if (jul_l > max) { max = jul_l; }
    else if (jul_l < min ) { min = jul_l; }
    if (aug_l > max) { max = aug_l; }
    else if (aug_l < min ) { min = aug_l; }
    if (sep_l > max) { max = sep_l; }
    else if (sep_l < min ) { min = sep_l; }
    if (oct_l > max) { max = oct_l; }
    else if (oct_l < min ) { min = oct_l; }
    if (nov_l > max) { max = nov_l; }
    else if (nov_l < min ) { min = nov_l; }
    if (dec_l > max) { max = dec_l; }
    else if (dec_l < min ) { min = dec_l; }

    System.out.println(" 最大値：" + max);
    System.out.println(" 最小値：" + min);
    }
}
```

〔実行結果〕

```
Windows PowerShell                          —     □     ×
PS C:¥Users¥Munehiro¥Desktop¥myjava> javac Ex4_3.java
PS C:¥Users¥Munehiro¥Desktop¥myjava> java Ex4_3
最大値：24
最小値：2
PS C:¥Users¥Munehiro¥Desktop¥myjava>
```

114

# 第5章

## 練習問題 5-1

〔プログラム〕

```java
// 正方形

class Ex5_1 {
    public static void main (String[] args) {
        int n = 7;

        for (int i = 0; i < 7; i++) {
            for (int j = 0; j < 7; j++)
                System.out.print("*");
            System.out.println();
        }
    }
}
```

〔実行結果〕

```
Windows PowerShell                          —    □    ×
PS C:¥Users¥Munehiro¥Desktop¥myjava> javac Ex5_1.java
PS C:¥Users¥Munehiro¥Desktop¥myjava> java Ex5_1
*******
*******
*******
*******
*******
*******
*******
PS C:¥Users¥Munehiro¥Desktop¥myjava> _
```

## 練習問題 5-2

〔プログラム〕

```java
// 三角形

class Ex5_2 {
    public static void main (String[] args) {
        int n = 7;

        for (int i = 1; i < 8; i++) {
            for (int j = 0; j < i; j++)
                System.out.print("*");
            System.out.println();
```

```
        }
    }
}
```

〔実行結果〕

```
Windows PowerShell                          —     □     ×

PS C:¥Users¥Munehiro¥Desktop¥myjava> javac Ex5_2.java
PS C:¥Users¥Munehiro¥Desktop¥myjava> java Ex5_2
*
**
***
****
*****
******
*******
PS C:¥Users¥Munehiro¥Desktop¥myjava> _
```

## 練習問題 5-3

〔プログラム〕

```
// ダイヤモンド形

class Ex5_3 {
    public static void main (String[] args) {
        int n = 7;

        for (int i = n / 2; i > 0; i--) {
            for (int j = 0; j < i; j++)
                System.out.print("_");
            for (int j = 0; j < n - i * 2; j++)
                System.out.print("*");
            System.out.println();
        }

        for (int i = 0; i <= n / 2; i++) {
            for (int j = 0; j < i; j++)
                System.out.print("_");
            for (int j = 0; j < n - i * 2 ; j++)
                System.out.print("*");
            System.out.println();
        }
    }
}
```

〔実行結果〕

```
Windows PowerShell                                    ─   □   ×
PS C:¥Users¥Munehiro¥Desktop¥myjava> javac Ex5_3.java
PS C:¥Users¥Munehiro¥Desktop¥myjava> java Ex5_3
    *
   ***
  *****
 *******
  *****
   ***
    *
PS C:¥Users¥Munehiro¥Desktop¥myjava>
```

## 練習問題 5-4

〔プログラム〕

```java
// 逆順

class Ex5_4 {
    public static void main(String[] args) {

        System.out.print("入力：");
        java.util.Scanner s = new java.util.Scanner(System.in);
        String s1 = s.next();
        String s2 = "";
        for (int i = s1.length() - 1; i >= 0; i--)
            s2 += s1.charAt(i);

        System.out.print("出力：" + s2);
        System.out.println();
    }
}
```

〔実行結果〕

```
Windows PowerShell                                    ─   □   ×
PS C:¥Users¥Munehiro¥Desktop¥myjava> javac Ex5_4.java
PS C:¥Users¥Munehiro¥Desktop¥myjava> java Ex5_4
入力：123456789
出力：987654321
PS C:¥Users¥Munehiro¥Desktop¥myjava>
```

117

# 第 6 章

練習問題 6-1

〔プログラム〕

```
/* 最大値と最小値を求める */

class Ex6_1 {
    public static void main (String[] args) {
        int high[] ={ 10, 10, 13, 19, 23, 26, 30, 31, 27, 22, 17, 12 };
        int max = high[0];
        int min = high[0];

        for (int i = 0; i < high.length; i++) {
            if (high[i] > max)
                max = high[i];
            if (high[i] < min)
                min = high[i];
        }
        System.out.println("最大値:" + max);
        System.out.println("最小値:" + min);
    }
}
```

〔実行結果〕

```
Windows PowerShell                          —    □    ×
PS C:\Users\Munehiro\Desktop\myjava> javac Ex6_1.java
PS C:\Users\Munehiro\Desktop\myjava> java Ex6_T
最大値:31
最小値:10
PS C:\Users\Munehiro\Desktop\myjava>
```

# Index

**書籍の正誤についてのお問合わせ**

　万一誤りと疑われる箇所がございましたら、以下の方法にてご確認いただきますよう、お願いいたします。

　なお、正誤のお問合わせ以外の書籍内容に関する解説・受験指導は、**一切行っておりません。**そのようなお問合わせにつきましては、お答えいたしかねますので、あらかじめご了承ください。

□**正誤表の確認方法**

　TAC出版書籍販売サイト「Cyber Book Store」のトップページ内「正誤表」コーナーにて、正誤表をご確認ください。

　URL:https://bookstore.tac-school.co.jp/

□**正誤のお問合わせ方法**

　正誤表がない場合、あるいは該当箇所が掲載されていない場合は、書名、発行年月日、お客様のお名前、ご連絡先を明記の上、下記の方法でお問合わせください。

　なお、回答までに1週間前後を要する場合もございます。あらかじめご了承ください。

・e-mailにて問合わせる　syuppan-h@tac-school.co.jp

**お電話でのお問合わせは、お受けできません。**

日商プログラミング検定STANDARD Java
公式ガイドブック 新装版

2019年5月31日　初　版　第1刷発行
2023年3月25日　新装版　第1刷発行

| | | |
|---|---|---|
| 編 著 者 | 日 本 商 工 会 議 所 | |
| | プログラミング検定研究会 | |
| 発 行 者 | 多　田　敏　男 | |
| 発 行 所 | TAC株式会社　出版事業部 | |
| | | （TAC出版） |

〒101-8383
東京都千代田区神田三崎町3-2-18
電 話 03（5276）9492（営業）
FAX 03（5276）9674
https://shuppan.tac-school.co.jp

| | |
|---|---|
| 組　　版 | 株式会社　リブロワークス |
| 印　　刷 | 株式会社　ワコープラネット |
| 製　　本 | 東京美術紙工協業組合 |

© JCCI 2023　　Printed in Japan

ISBN 978-4-300-10620-4
N.D.C. 007